건강한 웃음 비타민

섹시유머뱅크

유머팩토리 엮음

K (주)학은미디어

책머리에

우리는 하루에 몇 번이나 웃을까요?
6살 어린이는 하루에 300번 가량 웃지만, 성인이 되면 15번 정도로 크게 줄어들고, 하루 종일 단 한 번도 웃지 않고 지내는 사람도 상당수에 이른다고 합니다.
一笑一少(일소일소), 一怒一老(일로일로)
'한 번 웃으면 한 번 젊어지고, 한 번 화내면 한 번 늙는다'는데 말입니다.

잃어버린 웃음을 되찾아 젊고 활기찬 나날이 되길 소망하며 이 책을 엮었습니다.
인류 역사상 영원한 미스터리이자 예술 작품 최고의 소재인 남녀 문제를 재치 만점 유머로 풀어 헤쳤지요.
고상한 척, 도덕군자인 척, 그런 허울은 떨쳐 버리고 마냥 즐겁게 웃어 보세요! 그 웃음을 주위에 자꾸자꾸 퍼뜨려 보세요!
저마다의 등에 얹힌 무거운 짐이 가뿐해질 것입니다.
복잡해 보이던 세상일이 단순해질 것입니다. 껄끄럽던 인간관계가 부드러워질 것입니다.
손바닥만 한 작은 책이지만 웃음 폭탄, 행복 바이러스가 되었으면 좋겠습니다.

-유머를 찾고 가꾸는 **유머팩토리**-

웃·으·면·복·이·와·요

모든 것의 시작은 웃음

암호

어느 회사의 회식 자리.
사장이 여비서하고만 건배를 하면서 "진달래!" 하는 것이었다.
한두 번도 아니고 자꾸 그러자, 여비서가 사장의 귀에 대고 물었다.
"사장님, 저~기요, '진달래'가 무슨 뜻이에요?"
사장이 음흉하게 웃으며 친절하게 설명했다.
"으흐흐, '진하게 달라고 하면 한번 줄래?'의 준말이지."

잠시 후 또 건배를 하게 되었다.
사장은 여전히 실실 웃으며 여비서를 향해 "진달래!"를 외쳤다.
그러자 여비서가 기다렸다는 듯이 목청껏 "택시!" 하고 외쳤다.
어안이 벙벙해진 사장.
"으흐흐, '택시'가 뭐야?"
여비서는 표정 하나 바꾸지 않고 공손히 설명했다.
"택도 없다, 시발놈아."

피임한 놈 나와

어떤 아주머니가 양계장에 가서 달걀을 한 판 샀다.
아주머니는 달걀 프라이를 하려고 달걀 하나를 프라이팬에 깼다. 그런데 달걀 노른자위가 두 개였다.
어쩐지 찜찜한 생각이 들어 아주머니는 프라이팬을 들고 양계장으로 뛰어갔다.
프라이팬을 들여다본 양계장 주인, "닭들 다 모여!" 하고 소리쳤다.
닭들이 모여들자 양계장 주인이 소리쳤다.
"어젯밤에 두 탕 뛴 꼬꼬 나와!"

아주머니는 바꿔 온 달걀을 프라이팬에 깼다.
어럽쇼, 이것 보게…….
이번에는 노른자위가 아예 없었다.
기분이 더 상한 아주머니가 득달같이 또 양계장으로 뛰어갔다.
이번에도 양계장 주인은 닭을 불러 모았다.
"닭들 다 모여!"
닭들이 다 모이자 양계장 주인이 소리쳤다.
"어젯밤에 피임한 꼬꼬 나와!"

할 말

말 두 마리가 사이좋게 살고 있었다.
암말 한 마리, 그리고 수말 한 마리.
그런데 암말이 덜컥 병에 걸려 세상을 떠났다.
그러자 수말이 구슬프게 흐느끼며 중얼거렸다.
"할 말 없네."

겨우 벗겼는데

참새 두 마리가 뭐가 그리 좋은지 머리를 맞대고 재잘거리고 있었다.
마침 지나가던 포수가 총을 겨눴다.
그런데 참새 한 마리가 털이 없는 것이었다.
"어차피 먹으려면 털을 벗겨야 하는데 잘됐군."
포수는 총을 쏘았다.
"타, 앙!"
그러자 다른 한 마리가 날아가면서 말했다.
"우-씨! 간신히 벗겨 놨는데…."

 ## 아버지의 한탄

독신주의를 고집하는 노처녀가 있었다.
그녀에게 남자란 귀찮은 존재일 뿐이고, 그저 성적 충동을 해결해 주는 오이 하나만 있으면 오케이라는 식이었다.

"얘야, 제발 시집 좀 가라. 지금은 괜찮지만 나중에 외로워서 안 된다, 응?"
"싫어요, 아버지. 귀찮게 뭐하러 결혼을 해서 고생하고 살아요? 편하게 살래요."
아버지가 아무리 설득해도 그녀는 막무가내였다.

며칠 후, 그녀는 자신의 오이를 들고 술을 마시고 있는 아버지를 발견했다.
"아버지, 지금 오이 가지고 뭐하시는 거예요?"
그러자 아버지 말씀,
"나, 지금 우리 사위하고 술 한잔한다. 왜?"

최종 면접

신입 사원 최종 면접에 남자 세 명과 여자 한 명의 지원자만 남게 되었다.
최종 면접은 그 회사 사장이 직접 중국 요릿집에 데려가는 것으로 시작되었다.

사장은 단 한 그릇의 자장면을 시켜 놓고 지원자들에게 물었다.
"자, 여기 자장면 한 그릇이 있네. 자네들이 돈을 내지 않고 나와 함께 이 자장면을 먹을 수 있는 방법을 말해 보게."

첫 번째 남자 지원자가 말했다.
"빈 그릇을 하나 더 달라고 해서 나눠 먹겠습니다."

두 번째 남자 지원자가 말했다.
"똑같이 젓가락을 들고 빼앗아 먹겠습니다."

세 번째 남자 지원자가 말했다.
"전 사장님이 남긴 것을 먹겠습니다."

마지막으로 남은 여자 지원자가 말했다.
"사장님, 다 드시고 입 닦지 마세요."

여자 지원자는 당장 사장 비서실에 발령을 받았다.

 증거

한 청년이 신체검사에 불합격 판정을 받기 위해 시력을 속이기로 했다.
"안 보입니다."
청년은 검사표 제일 위의 대문짝만 한 글씨도 안 보인다고 우겼다.
화가 난 여자 검사관이 윗옷을 벗고 가슴이 보이느냐고 물었다.
"보입니까?"
"안 보입니다."
청년이 막무가내로 안 보인다고 우기자 검사관이 청년에게 바싹 다가가 말했다.
"안 보여? 그런데 이게 왜 서, 짜샤!"

공감 100배 웃음 보따리

[부당한 차별]

첫째,
여자가 남자 화장실에 들어가면, 있을 수 있는 실수라고 애교로 봐 준다.
남자가 여자 화장실에 들어가면, 곧바로 잡혀 변태로 낙인 찍힌다.

둘째,
여자가 "아~잉" 하면 귀엽다고 한다.
남자가 "아~잉" 하면 "너 이리 와 봐." 한다.

셋째,
여자가 어린 남자의 거시기를 만지작거리면 모성애라 한다.
남자가 어린 여자의 거시기를 만지작거리면, 세상 사람들에게 지탄받는 천하의 나쁜 놈 취급을 당한다.

넷째,
여자가 10살 어린 남자와 사귀면 능력 있다고 한다.
남자가 10살 어린 여자와 사귀면 불륜 · 도둑놈 · 원조 교제라고 손가락질받는다.

 ## 껍데기 벗겨질 정도

첩첩산중 시골에 사는 한 아주머니가 상경해서 어느 부잣집 가정부로 들어갔다.
부잣집 사모님은 가정부가 시골 출신이라는 이유로 무시하기 일쑤였다.
하루는 안방 청소를 하던 가정부가 사용하고 난 콘돔을 보게 되었다.
태어나서 콘돔을 처음 본 가정부는 그것이 뭔지 궁금해서 견딜 수가 없었다.
그래서 용기를 내서 부잣집 사모님에게 물었다.
부잣집 사모님은 역시나 깔보는 눈초리로 가정부를 쳐다보며 말했다.
"시골에서는 섹스도 안 하나 보죠?"
가정부는 놀랍다는 표정으로 말했다.
"하긴 하는데유, 껍데기 벗겨질 정도로는 안 혀유~."

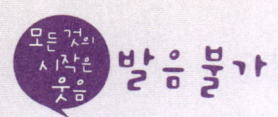
발음불가

비행기를 타고 가던 한 경상도 부부가 다정하게 대화를 나누더니, 아내가 손을 들고 스튜어디스를 불렀다.
"무얼 도와드릴까요?"
"저, 한약 좀 따르게 컵 좀…."
"네."
스튜어디스는 얼른 컵을 가져다주고, 도와줄 일이 없을까 곁에 서서 지켜보았다.
아내가 한약을 따라 남편에게 주더니 말했다.
"자기야, 서?"
"아니, 안 서……."
"자기야, 얼른 더 마셔 봐. 서?"
"응…, 조금 서."
"어때?"
"응! 많이 서!"
남편은 얼굴까지 시뻘겋게 변해서 슨다(?)는 것이었다.
스튜어디스가 민망해서 도망치려고 하자 아내가 손을 번쩍 들며 말했다.
"우리 남편이 너무 서(써)서 그러는데 사탕 좀 없어요?"

 중노동

어느 사무실에서 사장과 친구가 섹스가 과연 노동인가에 대하여 열띤 논쟁을 하고 있었다.
"그건 노동이여 노동. 아내에 대한 봉사 차원 아니겠는가?"
사장 친구도 맞장구를 쳤다.
"맞아, 노동이지. 그것도 아주 중노동일세."
의견이 일치한 둘은 구석에 있는 부하 직원에게도 동의를 구하려고 불러서 물었다.
"어이, 김 과장. 자넨 어떻게 생각하는가?"
김 과장은 고개를 크게 끄덕이며 동의했다.
"네, 맞습니다. 딱 중노동 맞습니다."

사장과 친구가 밖으로 나가자 김 과장이 중얼거렸다.
"웃기는 소리! 그게 노동이면 니들이 직접 하겠냐? 당연히 날 시키겠지."

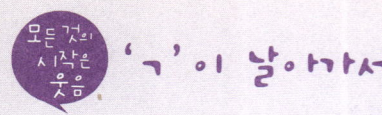

'ㄱ'이 날아가서

어느 단체의 회장 선거에서 두 명의 후보가 경합을 벌이고 있었다.
공교롭게도 한쪽은 여성 후보, 한쪽은 남성 후보였다.

남성 후보는 키가 무척 작아 155센티미터밖에 되지 않았다.
반면에 여성 후보는 키가 170센티미터 가까이 되는 장신이라서, 남자 쪽이 심리적으로 위축되어 있는 상황이었다.
하지만 나폴레옹도 160의 작은 키로 세계를 제패했고, 덩샤오핑도 150의 작은 키로 중국을 좌지우지하지 않았던가. 또, 우리 옛말에도 '작은 고추가 맵다'는 말이 있지 않은가.

남성 후보 측에서는 키 작은 점을 오히려 강점으로 삼아서 선거 당일 플래카드를 걸기로 했다.
"작지만 단단한 놈! 김돌쇠"
예쁜 색 스티로폼에 색 테이프를 붙여 한 글자 한 글자 정성껏 만들어 플래카드를 걸었다.

그런데 다음 날 플래카드를 보니 슬로건 맨 첫 글자의 'ㄱ' 받침이 바람에 날려 온데간데없었다.
하지만 선거 결과, 여성들의 압도적인 지지를 받아 '자지만 단단한 놈'이 당선되었다.

 양보다 질

임꺽정이 산속을 헤매다 길을 잃었다.
춥고 배가 고파 거의 죽을 지경에 이르렀다.
가물가물한 눈으로 먹을 것을 찾던 임꺽정이 나무에 묶여 있는 양 한 마리를 발견했다.
임꺽정은 죽을힘을 다해 양에게 돌진했다.
그때 아리따운 아가씨 한 명이 홀로 지나가는 모습이 눈에 띄는 게 아닌가!
순간, 임꺽정은 휙 방향을 바꿔 아가씨 쪽으로 달려가며 외쳤다.
"우하하하, 양보다는 질이지."

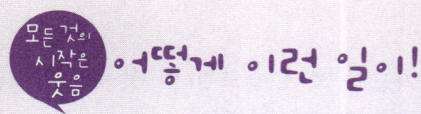
어떻게 이런 일이!

만득이가 건강 검진을 받으러 갔다.
"소변을 받아 오세요."
만득이는 간호사가 하라는 대로 소변을 받아다 놓았다. 그런데 뒷사람이 실수로 만득이의 소변을 엎었다.
'이크, 큰일 났다!'
놀란 그 사람은 만득이의 소변 옆에 있던 다른 사람의 소변을 만득이 컵에 살짝 부어 놓고 가 버렸다.

다음 날 만득이가 검사 결과를 보러 가자, 의사가 매우 난감한 표정으로 말했다.
"이게 무슨 일입니까? 만득 씨, 임신했어요. 어떻게 이런 일이……."
그러자 만득이가 붉으락푸르락 씩씩거리며 말했다.
"이놈의 마누라! 기어이 지가 위로 올라가겠다고 우겨 대더니, 기어이 나를 임신시켰구먼!"

 # 호랑이의 흑심

어떤 처녀가 떡장사를 시작했다.
처녀는 집에서 떡을 만들어 가지고 시장에 가려고 산을 넘고 있었다.
안 그래도 조마조마했는데 호랑이가 불쑥 나타났다.
"떡 하나 주면 안 잡아먹지."
겁에 질린 처녀는 떡을 하나 주었다.
처녀는 다시 산을 넘기 시작했다.

잠시 후 호랑이가 다시 나타났다.
"떡 하나 주면 안 잡아먹지."
이렇게 해서 처녀는 산을 반도 못 넘고 떡을 몽땅 호랑이에게 빼앗기고 말았다.
처녀가 한숨을 쉬며 오던 길을 돌아가는데 또다시 호랑이가 나타나 떡을 달라고 했다.
"이젠 떡이 없어요."
그러자 호랑이가 씩 웃으며 말했다.
"넌 떡만 먹고 사니?"

 웃음 보따리

[골프와 섹스]

골프와 섹스는 일란성 쌍둥이

1. 하기 전에 대부분 옷을 벗는다.
2. 하고 나서 대부분 샤워를 한다.
3. 누구라도 처음에는 대부분 잘하지 못한다.
4. 하기 전에는 대부분 가슴이 두근거리고, 하고 나서는 대부분 다리가 후들거린다.
5. 대체로 짧은 것보다는 긴 것이 좋고 이긴다.
6. 구멍이 좁아 처음에는 대체로 잘 안 들어가지만 하다 보면 구멍이 커진다는 것을 느낀다.
7. 구멍 주위만 핥고 나오면 대부분 기분이 찝찝하다.
8. 대부분 넣기 전에 정성스레 닦고, 넣고 나서도 대부분 정성스럽게 닦는다.
9. 극적인 순간에 대부분 괴성을 지른다.
10. 벽치기도 그 맛이랑 거의 비슷하다.
11. 러프가 길면 아무리 확실한 막대기라도 거의 잘 안 들어간다.

12. 초보자는 대부분 홀 앞에서 당황한다.
13. 초보자는 대부분 힘으로, 고수들은 기술로 끝내준다.
14. 초보라며 단번에 넣으면 상대방이 거의 의심한다.
15. 함부로 덤볐다가는 대부분 쌍코피가 줄줄 터진다.

골프가 섹스보다 좋은 이유는?

1. 모든 홀 컵이 보기 좋게 잘 다듬어져 있다.
2. 샤프트의 크기를 마음대로 선택할 수 있다.
3. 항상 세 명 혹은 네 명이 함께 한다.
4. 타수가 적을수록 좋다.
5. 우드를 써도 되고, 알루미늄이나 스틸을 사용해도 상관없다.
6. 홀마다 공을 깨끗이 닦을 수 있다.
7. 원한다면 프로로 전향할 수도 있다.
8. 프라이빗이 아닌 퍼블릭에서 플레이해도 무방하다.
9. 레슨이 가능하다.

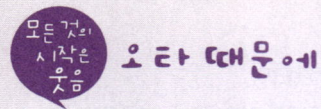 오타 때문에

비가 부슬부슬 오는 저녁.
외로움을 달래기 위해 채팅을 하기로 했다.
급한 성격 탓인지 나는 채팅을 할 때 오타가 꽤 많은 편이다.
어떤 방에 들어갔더니 남녀가 다정하게 대화를 나누고 있었다.
내가 들어가서인지 분위기가 조금 썰렁해지는 것 같았다.
그래도 저녁 인사를 했다.
그런데 저녁 인사를 하자마자 엄청나게 욕을 먹고 강제 퇴실당해야 했다.

내가 한 인사말…
"저년 먹었어요?"

 # 애무나 잘하셔!

사투리가 심한 어느 지방 의원 후보가 시골 선거구에서 열정적으로 공약을 발표했다.
"이곳을 강간 단지로 개발하겠습니다. 그러기 위해서는 우선 구석구석에 도로를 간통하겠습니다, 여러분!"
와 와 와, 짝 짝 짝!

이에 다른 후보가 나섰다.
그는 전직 외무부 장관이었다.
"친애하는 유권자 여러분, 강간이 뭡니까? 관광이지. 또 간통은 뭡니까? 관통이지."
듣고 있던 사투리 후보가 삿대질을 하며 소리쳤다.
"이보시오, 전 애무부 장관! 당신은 애무나 잘하지 선거엔 왜 나왔소?"

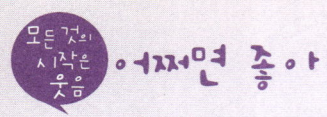 어쩌면 좋아

사오정이 나무를 하는데 갑자기 사슴이 달려오면서 말했다.
"사냥꾼에게 쫓기고 있어요. 저 좀 구해 주세요!"
오정이는 위기에 처한 사슴이 불쌍해서 숨겨 주었다.
덕분에 목숨을 구한 사슴은 고마워하며 말했다.
"난 사실 산신령이다. 소원 세 가지를 들어주겠다."
"하하, 그럼 장동건의 얼굴에, 권상우의 멋진 몸매…."
그리고 주위를 두리번거리던 오정이는 한가롭게 풀을 뜯고 있는 말을 가리키며 말했다.
"내 물건을 저 말이랑 똑같게 해 줘."
사슴은 세 가지 소원을 들어줬고 오정이는 기뻐하며 마을로 돌아왔다.

그러자 동네에서 난리가 났다.
마을의 처녀들이 오정이의 잘생긴 얼굴과 몸매를 보고 반해 어쩔 줄 모르는 것이었다.
자신만만해진 오정이는 '이때다!' 싶어 바지까지 확 벗어 던졌다.

그런데 동네 처녀들이 오정의 그곳을 보고는 기절해 버리는 것이 아닌가.
"으악!"
그제서야 자신의 그곳을 확인한 오정이는 사슴에게 뛰어가서 울며 따졌다.
"이게 뭐야? 내 고추, 내 고추! 엉엉!"
그러자 사슴이 한심하다는 듯 말했다.
"네가 그때 가리킨 말은 암말이셔!"

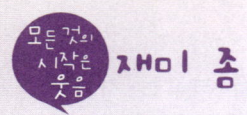 재미 좀

성당에 들어선 아가씨가 신부님에게 말했다.
"신부님, 제게 암컷 앵무새 두 마리가 있는데요, 두 마리 다 할 수 있는 말이 딱 한 가지밖에 없어요."
"뭐라고 하는데요?"
"아, 글쎄 '우리는 매춘부들이에요. 재미 좀 볼래요?' 라는 말밖에 할 줄 아는 게 없답니다."
"저런! 그렇다면 내게 좋은 생각이 있어요. 마침 내게도 두 마리의 수컷 앵무새가 있는데 내가 직접 말을 가르쳤기 때문에 매일 기도를 한답니다. 자매님의 앵무새를 데려오면 내 앵무새와 함께 두어 그 끔찍한 말을 그만두고 기도와 찬양을 할 수 있게 해 봅시다."
"어머, 감사합니다, 신부님."

다음 날 아가씨는 두 마리의 암컷 앵무새를 들고 신부님을 찾아갔다.
신부의 수컷 앵무새들은 새장 안에서 묵주를 쥐고 기도를 하고 있었다.
아가씨가 암컷 앵무새들을 새장에 집어넣자 암컷들이 떠들어 대기 시작했다.

"우리는 매춘부들이에요. 재미 좀 볼래요?"
"우리는 매춘부들이에요. 재미 좀 볼래요?"
그러자 열심히 기도하고 있던 수컷 앵무새가 기도를 멈추고 다른 수컷을 쳐다보더니 소리쳤다.
"우아! 드디어 우리의 기도가 이루어졌어!"

 **밤에 해 보셨어요?**

신혼여행을 마치고 온 선생님의 첫 수업 시간.
학생 1_ 선생님! 질문할 게 있어요.
선생님_ 그래, 해 봐!
학생 1_ 저…, 선생님. 밤에 해 보셨어요?
선생님_ (당황하며) 뭐?
학생 1_ 밤에 해 보셨냐고요?
모든 학생들의 눈이 반짝거렸다.
선생님_ (시선을 피하며) 으응…. 해 봤어.
학생들_ 이상하다. 우린 달이나 별밖에 못 봤는데….

웃음 보따리

[제발]

첫 번째 남자는 너무 아프게 했고
두 번째 남자는 날 반 죽여 놓다시피 했고
세 번째 남자는 '이렇게 해라, 저렇게 해라' 주문이 많았고
네 번째 남자는 처음 보는 기구까지 사용했고
다섯 번째 남자는 무조건 벌리기만을 강요했고
여섯 번째 남자는 벌린 그곳을 이리저리 구경했고
그리고 지금 이 남자는 매우 섬세하고 자상하다.
제발 이 남자가 마지막이길 바랄 뿐이다.
……
……

치과! 아, 생각조차 하기 싫다, 싫어!

 ## 나쁜 발음 때문에

일본과의 무역을 주로 하는 어느 회사의 사장이 업무 성격상 일본인 비서를 두었다.
이 비서의 일기장에 이런 구절이 있었다.
'우리 사장님은 이상하다. 내가 전화 왔다고만 하면 거기를 보거나 만져 본다. 그리고 우리 사장님은 조카하고 굉장히 사이가 나쁜가 보다. 조카에게 전화 왔다고만 하면 화를 낸다. 정말로 이상한 집안이다.'

그날 사무실에서 있었던 일인즉슨, 밖에 나갔다 들어온 사장에게 비서가 말했다.
"사장님, 존나왔스므니다."
이 말을 들은 사장은 기겁을 하며 바지의 지퍼를 확인했고, 그제서야 비서의 말을 제대로 이해했다.
"아, 전화 왔다고? 누구래?"
"사장님 조까라고 해쓰므니다."

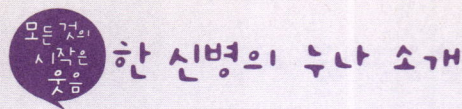

한 신병의 누나 소개

신병이 들어오자 고참 하나가 물었다.
"야, 너 여동생이나 누나 있어?"
"넷, 누나가 한 명 있습니다!"
"그래? 몇 살인데?"
"24살입니다!"
"진짜야? 이쁘냐?"
"넷, 이쁩니다!"

내무반 안의 시선이 일제히 신병에게 쏠리면서 상병급 이상 되는 고참들이 하나둘씩 신병에게 다가 앉았다.
"그래, 키가 몇인가?"
"168입니다!"
"몸매는 이쁘냐? 얼굴은?"
"미스 코리아 뺨칩니다!"
왕고참이 다시 끼어들며 말했다.
"넌 오늘부터 군 생활 폈다. 야, 오늘부터 얘 건드리는 놈은 죽을 줄 알아. 넌 나와 진지한 대화 좀 해 보자."
"근데 네 누나 가슴 크냐?"
"넷, 큽니다!"

갑자기 내무반이 조용해지더니 별 관심을 보이지 않던 고참들까지 모여들었다.
"어? 네가 어떻게 알아? 네가 봤어?"
신병이 잠깐 머뭇거리더니 말했다.
"넷, 봤습니다."
고참들은 하나같이 황당한 표정을 지었다.
왕고참이 상기된 목소리로 다그쳤다.
"언제, 어떻게 봤는데? 인마! 빨랑 얘기해!"
그러자 신병이 약간 뜸을 들이다가 대답했다.
"우리 조카 젖 줄 때 봤습니다."

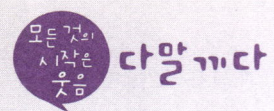 다말끼다

어느 산사에서 새벽을 깨우는 목탁 소리와 함께 희한한 염불 소리가 들려왔다.

   아닐끼다 단디봐라 다말끼다
   아닐끼다 단디봐라 다말끼다

외는 염불이 하도 이상하여 어떤 등산객이 들여다보니, 부처 앞에 정좌한 고승이 목탁을 치며 위의 염불을 외고 있었다.
그리고 그 앞에 소복을 한 여인이 머리를 조아린 채 조용히 앉아 있었다.
죽은 사람을 위한 '천도재'를 지내는 중이었다.

등산객이 계속 귀 기울여 들어 보니, 소복을 입은 여인이 이렇게 말하는 것이었다.
"스님! 그이가 정말로 그렇게 정결한 삶을 산 줄 아내인 저도 몰랐습니다. 여관에서 발가벗고 죽었다고 연락이 와서 홧김에 화장을 했지요. 그런데 수양이 깊은 고승에게서나 나온다는 사리가 18개나 나왔어요."

그런데 스님은 고개를 저으며 계속 염불을 외웠다.

   아닐끼다 단디봐라 다말끼다
   아닐끼다 단디봐라 다말끼다

그 염불을 정확히 풀이하면 이러했다.
"아닐 거다. 자세히 봐라. 다마일 거다."

* '다마'는 구슬치기에 쓰이는 구슬을 가리키는 일본말. '구슬'로 쓰기를 권함.

 해 봤어

남녀 선후배가 모여 농담을 주고받고 있었다.
얘기 도중 한 남자 선배가 여학생이 들으라고 한마디 했다.
남자 선배_ 야, 우리는 말이야, 어렸을 때 오줌 누면서 누가 멀리까지 나가나 내기하곤 했는데, 여자인 너희들은 그런 내기 못 해 봤을 거다.
이 말을 들은 여자 선배가 울분을 참지 못하며 말했다.
여자 선배_ 우리도 그런 거 해 봤어!

    누가 깊이 파나.

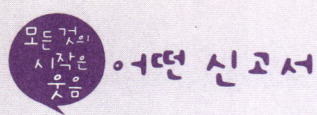 어떤 신고서

외국 출장을 떠나게 된 오정이가 공항에서 출국 신고서를 받아들고 당황해서 어쩔 줄 몰라 했다. 모두 영어로 되어 있었기 때문이다.

기억을 더듬어 가며 'Name(이름)'과 'Address(주소)'란은 간신히 채워 넣었다.

그런데 문제는 'Sex(섹스/성별)'란이었다.

고민하다 슬쩍 옆 사람을 훔쳐보니 그는 'Male(메일/남자)'이라고 적는 게 아닌가.

'호, 부럽다. 저 사람은 매일 섹스를 하는구나.'

오정이는 그를 한없이 부러워하며 고개를 숙이고 다음과 같이 적었다.

'Han-Dal-E-Han-Bun(한 달에 한 번)'

 번지수가

"이렇게 큰 계약을 따냈으니 모두들 놀라겠죠, 선배?"
"그럼. 그러니까 모두 깜짝 놀래키자구."
입사 2년째인 황 주임은 선배 김 과장과 기뻐하며 영업부에 들어섰다.
그러자 기다렸다는 듯이 축하의 말이 쏟아져 나왔다.
"주임님, 축하드려요!"
"황 주임! 드디어 해냈구나."
모두가 박수로 맞아 주는 가운데 부장님은 직접 황 주임에게 악수를 청했다.
"축하하네, 황 주임!"
머쓱해진 황 주임이 머리를 긁으며 말했다.
"아니, 제가 한 게 아니에요. 전부 김 과장님이 하셨고 전 옆에서 보고만 있었는걸요."
황 주임이 쑥스러워하며 말하자, 순간 모두가 얼어붙었다.
부장님도 표정이 굳어지더니 내민 손을 김 과장에게 돌렸다.
"김 과장, 축하하네. 황 주임 부인이 건강한 딸을 낳았다고 하는구먼."

 웃음 보따리

[야한 말]

가장 야한 처녀는? 야한걸

가장 야한 총각은? 야하군

가장 야한 아줌마는? 야하네

가장 야한 당신은? 야해유

가장 야한 노인은? 야하노

가장 야한 왕비는? 야하지비

가장 야한 고등학교는? 야하고

가장 야한 대학교는? 야하대

가장 야한 동네는? 야해도 야하군 야하면 야하리

가장 야한 침구는? 야해요

가장 야한 농담은? 야하지롱

가장 야하고 가난한 사람은? 야한 거지

가장 야한 여자의 거시기는? 야한가 보지

가장 야한 날은? 야하데이

가장 야한 냄새는? 야하구려

가장 야한 거리는? **야하당께로**

가장 야한 노래는? **야한가요**

가장 야한 미국 남자는? **야하죠**

가장 야한 러시아 여자는? **야할쏘냐**

가장 야한 책은? **야해서**

가장 야한 친구는? **야하다우**

가장 야한 잡지는? **야하지**

가장 야한 신발은? **야해보슈**

가장 야하고 큰 머리는? **야하대두**

가장 야한 섬은? **야할지라도, 야하지만서도**

가장 야한 북한 아이는? **야하지에이요**

가장 야한 집은? **야한가**

가장 야한 과일은? **야한감**

가장 야한 숫자는? **야하구만**

가장 야한 알파벳은? **야하디(D)**

가장 야한 차(茶)는? **야하다**

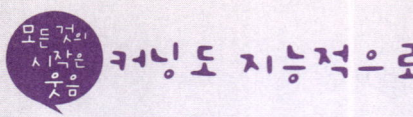
커닝도 지능적으로

츌랑이가 시험을 보고 있었다.
답이 도무지 생각이 안 나서 슬쩍 옆을 보니, 썰렁이의 시험지에 '베니스의 상인'이라는 답이 쓰여 있었다.
이것을 잘못 본 츌랑이는 '페니스의 상인'이라고 당당하게 적었다.
"이제 빵점은 아니겠지. 히히."
이것을 곁눈질해서 본 사오정.
'흐흐, 페니스(거시기)의 상인이라고? 커닝한 흔적을 남기면 초짜지. 난 고수니까 감쪽같이 해야 돼.'
사오정은 한참을 고민하다가 시험지에 기발한 답을 적어 넣었다.

'고추 장수'

# 제비의 해석

어느 제비가 성당에 가서 신부님께 고해 성사를 하고 있었다.
제비_ 신부님, 옆집 부인과 거의 큰일 날 뻔했습니다.
신부님_ 그래, 간음을 하셨나요?
제비_ 아뇨. 그냥 문지르기만 했습니다.
신부님_ 문지르는 거나 넣고 하는 거나 다를 게 없습니다. 마음을 어떻게 가졌느냐가 중요합니다. 속죄의 의미로 성모송 3번 외우고, 자선함에 2만 원을 넣으십시오.

고해 성사를 마친 제비는 죄를 뉘우치며 성모송을 3번 외운 후, 자선함에 다가가서는 그냥 손만 문지르는 것이었다.
이상하게 생각한 신부님이 물었다.
신부님_ 왜 속죄금을 넣지 않고 손만 문지르세요?
제비_ 신부님 말씀이 문지르는 거랑 넣는 거랑 똑같다고 하셔서…….

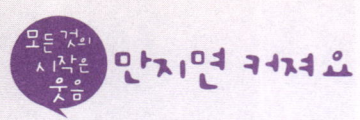

어느 대학교의 강의 시간이었다.
그 과의 학생 모두 남자였다.
그런데 교수는 하필 시간 강사인 젊은 여성이었다.
짓궂은 학생 한 명이 칠판에 남자의 거시기(?)를 아주 작게 그려 놓았다.
시간이 되어서 교수가 들어와 이것(?)을 보았다.
교수는 속으로 '이것 봐라?' 하면서, 겉으론 아무 일 없는 듯이 재빨리 지워 버렸다.

다음 날,
칠판의 그것(?)이 조금 커져 있었다.
교수는 속으로 분을 삭이면서 지우개로 문질러 또 지워 버렸다.

문제는 그다음 날,
칠판의 그것(?)이 엄청나게 커져 있는 게 아닌가.
교수는 매우 화가 났다.
교수_ 강의 시간에 이래도 됩니까? 신성한 강의실에서……. 누가 이런 짓을 했지요?

이때 한 학생이 벌떡 일어났다.
"교수님, 원래 그것은요, 자꾸자꾸 문지르면 커져요."

그만 가시죠

어느 술집에서 중년의 남자와 잘생긴 청년이 술을 마시고 있었다.
얼큰하게 취한 남자 왈,
"야, 인마! 내가 니 엄마랑 잤어. 알아?"
황당한 청년은 잠시 멍한 표정이 되었다.
또다시 남자 왈,
"니 엄마랑 잤대도…. 너, 안 믿냐?!"
청년은 포기하고 조용히 술만 들이켰다.
남자가 또 왈,
"흐흐흐, 니 엄마 참 끝내주더라."
드디어 청년이 자리에서 일어나면서 왈,
"아버지, 취하셨어요. 이제 그만 가시죠."

퇴원 취소?

정신 병원에 입원 중이던 한 남자 환자가 퇴원을 앞두고 여러 가지 테스트를 받았다. 퇴원을 시킬 만큼 회복이 되었는지 알아보는 절차였다.
의사가 질문을 했다.
"퇴원하면 뭘 하실 생각이지요?"
"퇴원하면 고무총을 사겠습니다. 그리고 여기에 돌아와서 병원 유리창을 모조리 쏘겠습니다."
환자는 6개월간 치료를 더 받게 되었다.

그리고 다시 퇴원을 위해 테스트를 받게 된 날, 의사가 같은 질문을 하자 환자가 대답했다.
"직업을 구하겠습니다."
의사는 반색을 했다.
"오, 아주 정상이군요. 그러고 나서는요?"
"집을 사겠습니다."
"아주 좋아요. 그다음은요?"
"예쁜 여자 친구를 사귀겠습니다."
의사의 얼굴에는 흐뭇한 표정이 가득했다.
"좋아, 좋아요. 그다음은요?"

"그녀를 집에 초대한 후에 스커트를 벗기겠습니다."
"호, 아주 정상이에요. 그러고 나서는요?"
의사는 침을 꼴깍 삼키며 물었다.
그러자 환자가 대답했다.
"그녀 팬티의 고무줄을 빼서 그걸로 고무총을 만들어, 이 병원 유리창을 모조리 깨 버리겠습니다."
"뭐, 뭐라고!"

 ## 슬픈 포르노

대학생들이 당구를 치고 있었다.
화제는 어젯밤에 자취방에서 함께 본 포르노 이야기로 이어졌다.
한 녀석이 말했다.
"그거 정말 죽이더라고. 휴지 한 통을 다 썼지 뭐야."
그러자 당구장에 따라온 신입생이 고개를 갸웃거리며 말했다.
"아니, 포르노가 그렇게 슬퍼요?"

공감 100배 웃음 보따리

[거절 이유]

고추가 다음과 같은 이유로 급료를 올려 달라고 요청했다.

1. 아주 깊은 곳에서 일해야 한다.
2. 습한 환경에서 작업을 해야 한다.
3. 주말이나 명절이라도 쉬는 일이 없다.
4. 주로 야간작업을 해야 한다.
5. 강제 근로를 시키는 경우가 종종 있다.
6. 물을 뿌리고 작업을 끝내야 한다.
7. 작업 전후 잔무 처리가 많다.

그러나 경영진은 심사숙고한 끝에 다음과 같은 이유로 급료 인상 요구를 거절했다.

1. 어떤 경우에도 8시간을 계속 작업하는 일이 없다.
2. 클라이언트가 불만스럽게 생각하는 경우가 많다.
3. 잠시 활동하고 나서는 제멋대로 쉬어 버린다.
4. 제때 작업을 하지 않는 경우가 많다.

5.항상 다른 작업장으로 옮기려 한다.
6.갈수록 생산성이 떨어진다.
7.단순 반복 작업으로 누구나 할 수 있다.
8.전문 교육 없이도 대체가 가능하다.

[커피와 섹스의 공통점]

1.중독성이 강하다.
2.한번 중독되면 여간해서는 끊기 어렵다.
3.그 맛(?)이 달콤하면서도 쌉싸름하다.
4.분위기 잡으면서 먹는다.
5.언제 먹어도 맛있으나 뜨거울 때가 가장 맛있다.
6.비 오는 날에 더 생각난다.
7.대다수가 진한 것을 좋아한다.
8.그 종류(?)가 많듯이 즐기는 스타일도 다양하다.
9.마니아(?)들은 하루에도 몇 번씩 먹는다.
10.세상 무엇과도 바꿀 수 없는 즐거움이다.

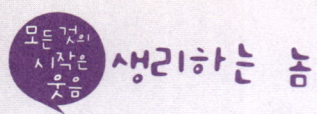

생리하는 놈

치질을 앓고 있는 봉달이는 늘 그곳에 휴지를 끼우고 다녔다.
어느 날 목욕탕에 간 봉달이가 팬티를 벗다가 실수로 그곳에 낀 휴지를 떨어뜨리고 말았다.
봉달이는 창피한 마음에 얼른 휴지를 주워 옷장에 넣었다.
그런데 옆에서 돈을 세고 있던 조폭이 그 모습을 보고 물었다.
"아그야, 방금 그게 뭐냐?"
"아, 아무것도 아닙니다."
"내가 다 봤다. 어째 내 돈이 한 장 모자란다 싶더니…. 맞고 줄래, 그냥 줄래?"
봉달이는 무섭기도 하고 창피하기도 해서 휴지를 조폭에게 던져 버리고는 잽싸게 탕 안으로 도망쳤다.

잠시 후 목욕탕 문이 열리고 얼굴이 붉으락푸르락해진 조폭이 들어와서 소리를 질렀다.
"여기 생리하는 놈 나와!"

더 기분 나쁜 건

가슴이 평평한 영희가 퇴근하고 집에 들어서며 분에 못 이겨 말했다.
"이제 금방 어두운 골목길을 지나오는데, 갑자기 어떤 남자가 뒤에서 나를 끌어안았어. 성희롱하려고…."
그 말을 들은 남동생이 놀라서 말했다.
"나쁜 놈! 내 이놈을 그냥…."
영희는 동생의 말이 끝나기도 전에 또 말했다.
"더 환장하게 하는 건, 아니 그놈이 '기분 드럽게 나쁘네, 남자잖아!' 이러는 거 있지?"

착각 때문에

어느 추운 겨울날, 평소에 여자를 밝히기로 소문난 만복이가 길을 가다 조그만 동네 여관에서 하룻밤을 묵게 되었다.
만복이가 막 잠이 들려는데, 주인아주머니가 방문 앞에서 은근한 목소리로 만복이에게 물었다.
"불러 줄까?"
"괜찮아요."
만복이는 아주머니의 제안을 단호히 거절했다.
그런데 잠시 후에 아주머니가 또 물었다.
만복이는 또 거절했다.
한참 지나 아주머니가 또 와서 물었다.
"불러 줄까?"
"괜찮아요, 아줌마. 전 지금 그럴 만한 돈도 없고요, 아줌마가 생각하는 그런 사람도 아닙니다."

새벽이 되어 걱정이 된 아주머니가 또 물었다.
그러나 만복이는 아무 대답이 없었다. 이미 그는 냉방에서 꽁꽁 얼어 죽었기 때문에…. 불을 넣어 준다는 것을 그는 왜 그렇게 단호히 거절했을까?

 오해

어느 사무실. 평소에 바람둥이로 소문난 남자 직원의 통화 내용에 사람들이 민망해서 고개를 들지 못했다.
"누나, '박을 수' 있어요?"
"예? '박을 수' 없다고요?"
"그럼 언제 '박을 수' 있어요?"
"저녁 10시쯤 '박을 수' 있다고요?"
"그럼 저녁에 '박을 수' 있을 때 전화할게요."

전화를 끊은 바람둥이 남자 직원은 메모지에 무엇인가를 적어 책상 위에 놓고 잠깐 자리를 비웠다.
'되게 원색적으로 노는걸? 배짱도 좋아.'
다른 직원이 슬그머니 다가가서 메모지를 보니,
'박을수 출타 중. 밤 10시 귀가 예정.'

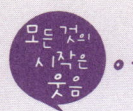# 어느 학교의 성교육 시간

선생님_ 오늘 수업은 여기까지 한다. 질문 없나?
학생_ 선생님, 질문 있어요!
선생님_ 응, 말해 봐.
학생_ 남자랑 여자랑 하면 좋다고 하는데 왜 그러죠?
선생님_ 콧구멍 간지러울 때 코 후벼 봐. 시원하지?

다음 날,
선생님_ 오늘 수업은 여기서 끝내겠다. 질문 없나?
학생_ 선생님, 질문 있어요!
선생님_ 뭔가?
학생_ 선생님, 남자랑 여자랑 하면 좋다고 하는데 왜 여자가 더 좋아해요?
선생님_ 콧구멍 간지러울 때 코 후벼 봐. 코가 시원하나 손가락이 시원하나?

그다음 날,
선생님_ 오늘 수업은 여기까지다. 질문 없나?
학생_ 선생님, 질문 있어요!
선생님_ 응, 말해 봐.

학생_ 여자가 그거(?) 하면 좋다고 하는데 왜 생리할 땐 싫어해요?
선생님_ 코피 날 때 코 후벼 봐. 기분 좋나?

마지막 날,
선생님_ 수업은 여기까지다. 질문 없나?
학생_ 선생님, 질문 있어요!
선생님_ (째려보며) 질문이 뭔가?
학생_ 왜 여잔 콘돔 끼고 하는 것을 싫어하죠?
선생님_ (곰곰이 생각하며) 자넨 고무장갑 끼고 코 후비면 시원하나?

 웃음 보따리

[모유의 장단점]

모유의 장점

1. 휴대하기가 편리하다.
2. 쏟아지거나 흘러내리지 않는다.
3. 방부제가 필요 없다.
4. 꼭지가 두 개다.

모유의 단점

1. 담배 냄새가 난다.
2. 아빠와 같이 사용한다.

[약 이름]

붙이는 멀미약은? 귀미테
붙이는 피임약은? 그미테
그럼 붙이는 설사약은? 더미테

미끼

춤바람 난 한심한 아줌마.
카바레에 갔는데 제비가 다가오질 않았다.
그러자 끈끈한 목소리로 슬쩍 한마디를 흘렸다.
"나 집이 다섯 채인데 요즘 안 팔려서 걱정이야."
그 말에 혹한 순진한 제비 한 마리가 그날 밤에 아줌마에게 멋진 서비스를 했다.

다음 날 아침, 제비가 아줌마한테 말했다.
"집이 다섯 채나 되신다면서요? 저, 구경이나 좀 시켜주세요."
그러자 아줌마 왈,
"어머, 자기 어젯밤에 다 봤잖아?"
"무슨 말씀이세요?"
황당해하는 제비 앞에서 아줌마가 윗도리를 훌렁 벗고 설명했다.
두 가슴을 만지면서 "우방주택 2채"
아래로 내려가서 "전원주택 1채"
엉덩이를 보이면서 "쌍둥이 빌딩 2채"

가발

침대 열차 상단에 자리를 잡은 남자가 그만 가발을 하단에 떨어뜨렸다.
"이 일을 우짠다냐, 참."
하단에는 여인이 잠들어 있었다.
기차 안의 불빛은 희미했다.
'조심조심 찾아보는 수밖에…!'
할 수 없이 신사는 팔을 뻗어 더듬더듬 가발을 찾았다.
갑자기 자던 여인이 중얼거렸다.
"맞아요, 맞아…. 거-기, 거-기요. 으응…."
남자가 한참 더듬어 만져 보고는 말했다.
"아녀유, 아줌씨! 제 것은 가운데 가르마가 없당게유!"

 # 삽입 다음에

어느 컴퓨터 강좌 시간에 예쁜 아가씨 강사가 키보드에 대해 설명을 하고 있었다.
"자, 삽입 키를 한 번 더 누르면 수정이 됩니다. 한 번 눌러 보세요. 하단에 수정이란 글자로 바뀌죠?"
그러자 딴짓을 하고 있던 철수가 갑자기 손을 번쩍 들었다.
"선생님, 설명에서 한 단계가 빠진 것 같은데요."
"어떤 단계요?"
"삽입 다음에 사정을 해야 수정이 되는 거 아닌가요?"
"뭐, 뭐라고…?"

질 수 없지

한 여학교에서 있었던 일이다.
여학생들이 남자 선생님을 골탕 먹이려고
우유 한 컵을 교탁에 얹어 두었다.

"이게 뭐지?"
선생님이 묻자 여학생들이 빙글빙글 웃으며 말했다.
"저희가 조금씩 짜서 모은 거예요. 사양하지 말고 드세요."
남자 선생님은 조금 당황했다.
그러나 가만히 있어서는 안 될 것 같아서 뭐라고 해야 할지 대답을 곰곰 생각했다.

'오래 살다 보니 처녀 젖도 먹어 보는구나.'
이러면 재미없겠지?
'신선한 게 맛있겠는데…?'
이것도 별로고….
'여기에 이상한 거 넣은 거 아냐?'
이건 말도 안 되고….
'비린내 나서 못 먹겠다.'
이것도 어설프고….

남자 선생님이 비지땀을 흘리며 생각한 끝에 말한 엽기적인 한마디!
"난 젖병째로 먹고 싶어."

 번지수 착오

임진왜란에서 참패한 왜국의 쓰메키리 장군은 조선에 복수를 하기로 결심했다.
어느 날 밤 그는 부하들에게 생색을 내며 선심성 명령을 내렸다.
"조선에 쳐들어가서 조선 여자들을 맘껏 취하라."
"와, 신난다!"
부하들은 좋아라 하고 삼삼오오 조각배를 타고 조선에 이르렀다.
여자들을 상대로 몹쓸 짓을 벌이던 왜군들은 날이 새자 얼굴이 새파랗게 질렸다.
그 섬은 대마도(쓰시마 섬)였다!

실속 없다

젖소 부인은 미망인이 되어 엄청난 유산을 상속받았다. 음기가 너무 센 그녀는 어떤 남자와의 잠자리에서도 만족할 수 없었다.

방법을 찾던 끝에, 자신을 만족시켜 주는 남자에게는 결혼과 동시에 전 재산을 다 주겠다는 광고를 내기에 이르렀다.

그러자 내로라하는 수많은 물건들이 젖소 부인의 집으로 벌 떼같이 몰려들었다.

그들은 30분에서 두 시간 동안 해 줄 수 있다면서 제각각 자신의 정력을 떠벌리느라 여념이 없었다.

그러던 중 강쇠라는 남자가 세 시간을 선언, 젖소 부인과 잠자리를 같이하게 되었다.

그날 밤 강쇠는 그 집 하인들에게 흠씬 두들겨 맞고 쫓겨나고 말았다.

웬일인지 입술이 퉁퉁 부르터 있던 젖소 부인이 씩씩거리며 하는 말,

"무슨 놈이 세우는 데만 2시간 59분이 걸려?"

웃·으·면·힘·이·나·요

유머로 스트레스 날려 버려!

 **예상 초월**

신혼 첫날밤, 신랑이 신부에게 말했다
"내 물건은 갓 태어난 아기 같아."
신부는 조금 실망하는 눈치였지만, 그래도 괜찮다고 대답했다.

드디어 신랑이 옷을 벗자 신부는 너무 놀라 까무러쳐 버렸다.
얼마 후에 정신이 든 신부가 신랑에게 물었다.
"아까는 갓 태어난 아기 같다고 했잖아요?"
그러자 신랑이 하는 말,
"그래, 갓 태어난 아이…. 3kg에 37cm!"

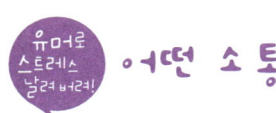# 어떤 소통

장님 남편과 벙어리 각시가 살았다.
어느 날 잠을 자는데 옆집에 불이 났다.
소란스런 소리에 잠에서 깬 장님 남편이 벙어리 각시를 깨웠다.
"여보, 옆집에 무슨 일이 났나 봐."
벙어리 각시가 옆집을 보니 불이 났다. 벙어리 각시는 남편의 윗옷을 벗겨 가슴에 人(사람 인) 자를 썼다.
그러자 장님 남편 왈,
"옆집에 불이 났다고? (가슴에 사람 인이면 火〔불 화〕) 그래, 옆집 어디에 불이 났는데?"
벙어리 각시는 살며시 아래옷을 벗더니 남편의 손을 자신의 은밀한 곳에 갖다 댔다.
장님 남편 왈,
"뭐! 털보네 구멍가게에? 어느 정도 불이 났는데?"
벙어리 각시는 다시 남편의 아래옷을 벗기더니 남편의 은밀한 곳에 있는 털을 다 쥐어 뽑았다.
장님 남편이 눈물을 찔끔 흘리며 말했다.

"뭐! 기둥만 남고 다 탔다고?"

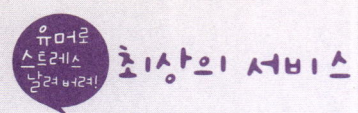

최상의 서비스

어느 날 김 대리, 박 대리, 손 대리가 퇴근 후에 함께 술을 마시며 이야기를 나누다가 자연스럽게 성에 대한 얘기로 화제가 바뀌었다.
그러다가 서로 부부 관계를 가진 후 아내에게 어떤 방법으로 서비스를 하는지 얘기했다.

먼저, 김 대리가 자기 이야기를 시작했다.
"나는 사랑이 끝나고 나면 그대로 꼬옥 끌어안고, 아내가 잠들 때까지 다독거리며 사랑의 밀어를 속삭이지. 그러면 아내는 내 품에서 아주 편안히 잠든다네."

뒤를 이어서 박 대리가 말했다.
"그런가? 나는 말이지…, 사랑이 끝나면 곧바로 베이비오일을 가져다가 아내의 온몸에 골고루 바르고는 부드럽게 마사지를 해 주지. 그러면 우리 와이프가 너무나 좋아한다네."

김 대리와 박 대리는 마지막으로 손 대리에게 물어보았다.

그러자 손 대리가 힘찬 목소리로 대답했다.
"아, 내 차례인가? 난 자네들하고는 좀 다르네. 난 말야, 아내가 일을 끝내고 목이 말라 냉장고로 가서 문을 열려고 허리를 굽히는 순간, 다시 쫓아가 뒤에서 두 번째 일을 시작하지. 흠! 흠!"

 ## 친한 동료

민지는 너무나 무뚝뚝한 남편 때문에 고민이 많았다. 하루는 퇴근해서 돌아온 남편을 붙들고 질투심을 유발하기 위해서 물었다.
"자기야~ 만약에 내가, 자기랑 회사에서 제일 친한 사람하고 바람 피면 뭐라고 할 거야?"
남편은 잠시 생각하더니 대답했다.
"글쎄, 아마 '당신이 레즈비언인 줄은 몰랐어!'라고 말하겠지!"

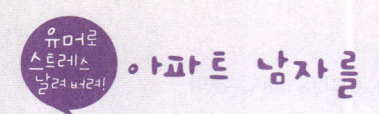

아파트 남자를 다 아는 여자

아파트에서 새침데기로 소문난 세 여자가 헬스클럽에서 운동을 끝내고 샤워를 하고 있었다.
갑자기 맞은편에 자리한 남자 샤워실 문이 열리면서 건장한 사내의 벌거벗은 나체가 정면으로 보였다.
하지만 얼굴이 보이지 않아 누구인지를 알 수 없었다.
"우리 남편은 아닌데……."
"우리 그이도 아니야……."
그러자 한참 바라보고 있던 세 번째 여자가 이렇게 거들었다.
"우리 아파트 사람은 아니야……!"

깨달음

어떤 철학자가 서재에서 깊은 사색에 잠겨 있었다. 주제는 이것이었다.
'인생에 필요한 것은 무엇인가?'
그때 철학자의 예쁜 부인이 들어와 뒤에서 목을 껴안으며 속삭였다.
"여보, 좀 쉬었다 해요!"
"조금만 더 생각하고 쉬겠소."
"아이~."
철학자는 부인을 달래서 내보내고 얼른 종이에 썼다.
'인생에 필요한 것은 사랑이다.'

잠시 후, 철학자는 다시 종이에 '그럼 사랑에는 무엇이 필요한가?'라고 쓴 다음 골똘히 생각에 잠겨 있는데, 다시 부인이 들어와 속삭였다.
"여보, 난 지금 사랑이 필요해요!"
어쩔 수 없이 아내에게 이끌려 침실로 들어간 철학자는, 얼마 후에 핼쑥해진 얼굴로 서재로 돌아와 이렇게 썼다.
'사랑에 필요한 것은 몸보신이다.'

공감 100배 웃음 보따리

[초보 신랑 십계명]

1. 타기 전에는 항상 깨끗이 세차하라.

2. 약간의 음주 운전은 무방하나 지나친 음주는 터널 진입시 시동을 꺼뜨리거나 기타 사고 위험이 있으므로 유의하라.

3. 우선 시동을 걸고 노기어 상태에서 핸들을 조작하며 10분 이상 워밍업을 시켜라.

4. 기어를 넣자마자 전속력으로 질주하면 2분을 초과할 수 없으므로 저속으로 운행하라.

5. 20분 정도 서행한 뒤엔 서서히 속도를 올려도 무방하다.

6. 전속력 질주시 차체에서 나는 이상한 소리는 고장에 의한 것이 아니므로 무시하고 달려라.

7.목적지에 도착하면 연료를 주입하라.

8.연료 주입 후에도 기어를 넣은 상태에서 10분 이상 서서히 엔진을 식힌 다음 기어를 빼고 시동을 꺼라.

9.재운행은 두어 시간 경과 후 하는 것이 좋으나, 운전자와 차량의 컨디션에 따라 앞당겨도 무방하다.

10.탄 후에는 반드시 이상이 없는지 점검하고 차고에 넣을 때는 청결에 신경을 써라.

[듣기 싫은 말]

1.영구(영원한 구 센티)
2.용팔이(용써서 팔 센티)
3.땡칠이(땡겨서 칠 센티)
4.둘리(둘레가 이 센티)

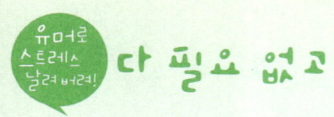
다 필요 없고

속옷 가게에 젊은 남자가 들어왔다.
팬티와 브래지어를 한참 들었다 놓았다 하더니 브래지어만 유심히 보기 시작했다.
가게 여종업원이 다가가더니 상품 설명을 했다.
"이 브래지어는 재봉선이 없어 착용감이 참 좋고요, 저 브래지어는 받쳐 주고 모아 줘 가슴을 아주 예쁘게 만들어 주고요, 그 밑에 것은 스킨 브래지어로 에로틱한 분위기를 연출해 주고요…."

한참 설명을 들은 남자는 여종업원의 얼굴을 빤히 쳐다보더니 단순 명쾌하게 주문했다.
"이것저것 다 필요 없고, 벗기기 쉬운 것으로 하나 골라 주세요."

 # 바셀린 대신

한 신혼부부가 결혼식이 끝나고 첫날밤을 처갓집에서 보내게 되었다.
신혼부부는 처갓집에 밤늦게 도착하여 신방으로 들어갔고, 다음 날 아침과 점심이 지나도록 방에서 나오지 않았다.
가족들은 궁금했지만 신혼이라 그러려니 하며 기다리고 기다렸다

저녁이 되었다.
이상한 생각이 든 가족들은 신부의 8살짜리 어린 동생에게 물었다.
"너 혹시 누나나 매형 못 봤니?"
"봤어."
"언제?"
"어젯밤 12시에 매형이 내 방에 와서 바셀린이나 로션 같은 것 없냐고 했어."
가족들은 킥킥거리며 물었다.
"그래서?"
"내 방엔 아무리 찾아봐도 없어서 본드를 줬어."

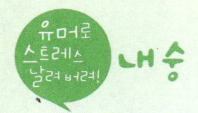

혼전 섹스를 즐기던 어떤 색녀가 새로운 것을 체험하기 위해 한 남자와 결혼했다.
하지만, 여자는 자기의 과거를 숨기기 위해 내숭을 떨었다.
첫날밤, 신랑이 여자에게 옷을 벗으라고 하자 여자는 무척 부끄러워하면서 말했다.
"저는 어릴 때부터 남들 앞에서는 옷을 벗지 말라는 어머니의 말씀을 듣고 자랐어요. 새삼 어머님의 가르침을 어길 수가 없군요."
신랑은 하는 수 없다고 생각하고 그냥 자려고 했다.
그러자 여자가 또 이렇게 말하는 것이었다.
"하지만, 지금은 당신의 아내가 된 몸. 어머니의 가르침을 따르는 것도 중요하지만, 남편의 말을 거역할 수도 없으니 이를 어찌하면 좋을지 모르겠어요."
"그럼 어떡했으면 좋겠소?"
신랑의 물음에 여자는 이렇게 말했다.
"위쪽은 어머니의 말씀대로 입고, 아래쪽은 당신의 요구대로 벗겠어요. 자, 들어오시지요."

 ## 첫인상

하루는 아내와 함께 처갓집에 다니러 갔다.
작은방에서 집사람 웃는 소리가 들린다.
'뭔가 재미있나 보네?'
궁금한 마음이 점점 커지는데, 집사람이
방에서 나와 내게 작은 책을 보여 준다.
일기장 같다.

"이게 뭔데?"
"내 동생 일기장."
"처제 일기장을 왜?"
"여기 한번 읽어 봐. 당신 처음 본 날 쓴 거야."
"일기를 함부로 봐도 돼?"
"글쎄, 한번 봐."
남의 일기장을 봐서는 안 된다는 걸 잘 알지만, 집사람의 집요한 권유 때문에 처제의 일기장을 건네받아 집사람이 펴 준 페이지를 보았다.

나를 처음 본 날 쓴 일기라고 한다.
'언니가 미친 것 같다.'

돌침대

신혼여행을 떠난 터프남과 신부가 저녁이 되자 호텔에 투숙했다.
터프남은 방에 들어서기 바쁘게 자기의 터프함을 과시하기 위해 신부를 번쩍 안아 올리더니 그대로 침대 위로 던졌다.
그런데 이게 웬일인가?
신부가 사색이 되어 꼼짝 않는 것이 아닌가.
'흐흐, 우리 신부가 너무 부끄러운가 보다.'
터프남은 신부가 부끄러워서 그러는 줄 알고 흐뭇한 마음으로 신부의 옷을 벗기기 시작했다.
그때 머리맡에 있는 팻말이 보였다. 팻말에는 다음과 같은 글이 쓰여 있었다.
'저희 호텔에서는 고객 여러분의 성의에 보답코자 침대를 모두 돌침대로 바꾸었습니다. 많이 애용해 주시기 바랍니다.'

표준말과 사투리

서울 신랑과 경상도 신부가 깨가 쏟아지는 신혼 생활을 하던 중, 어느 날 국수를 삶아 먹다가 싸움을 하게 되었다.

신랑은 '국수'가 옳다고 하고, 신부는 '국시'가 옳다고 주장하다 싸움으로 발전한 것이다.

둘이 한참을 싸워도 결판이 나지 않자 이웃에 사는 학식이 풍부한 어른을 찾아가서 물어보기로 하였다.

"선생님, 국수와 국시가 다른가요?"

"암요, 다르고말고요. 국수는 '밀가루'로 만든 것이고, 국시는 '밀가리'로 만든 것이니까요."

"그럼 밀가루와 밀가리는 어떤 차이가 있나요?"

"예, 밀가루는 '봉지'에 담은 것이고, 밀가리는 '봉다리'에 담은 것입니다."

"그럼 봉지와 봉다리는 어떻게 다른데요?"

"예, 봉지는 '침'으로 바른 것이고, 봉다리는 '춤'으로 바른 것입니다."

"그럼 침과 춤은 어떻게 다른가요?"

"예, 침은 '혓바닥'에서 나온 것이고, 춤은 '셋바닥'에서 나온 것입니다."

공감 100배 웃음 보따리

[첫날밤 고민 베스트 5]

남자의 경우

5위
서투른 척해야 하는데,
나도 모르게 기술이 나오면 어떡하지?

4위
음…, 그냥 잠만 자자고 하면 어떡하지?

3위
불은 언제 꺼야 하나?
그냥 켜 놓고 하면 안 되나?

2위
휴…, 과연 잘할 수 있을까?
만약 못 찾아서(?) 헤매면 큰일인데….

1위
혹시…, 처녀가 아니면 어떡하지?

여자의 경우

5위
샤워는 누가 먼저 해야 하나?
같이 하면 안 될까?

4위
피임을 해야 하나?

3위
가만히 누워만 있어?
아니면 도와줘?

2위
술에 곯아떨어져서
그냥 잠만 자면 어떡하지?

1위
화장을 지워야 하나, 말아야 하나?

불가능

옛날부터 고추가 크면 목소리가 가늘다는 말이 있다.
어느 여자가 선을 봐서 결혼을 했는데 남자는 준수하게 생겼고 집안도 좋았지만, 다만 목소리가 마음에 들지 않았다.
목소리가 아주 가는 것이 참으로 듣기에 거북했다.
특히 밤일을 할 때면 더욱 심했다.
"(아주 가는 목소리로) 아, 정말 좋아! 황홀해!"
남자의 고추는 거대해서 좋은데, 꼭 결정적인 순간에 남자의 목소리를 듣고서는 흥이 빠졌다.

그래서 할 수 없이 남자와 상의를 해서 병원에 갔다.
병원의 원장이 하는 말,
"고추가 너무 커서 그렇습니다. 정 그 목소리가 듣기 싫으면 고추를 조금 잘라 내야 합니다."
여자가 고민에 빠졌는데 남자가 말했다.
"(아주 가는 목소리로) 당신이 정 내 목소리가 듣기 거북하다면 당신을 위해 기꺼이 수술할게."

그래서 남자는 수술을 받았다.

그리고 밤일을 하는데
"(굵직한 목소리로) 아, 좋다. 정말 황홀해!"
남자의 굵직한 목소리는 좋았지만, 이번엔 고추가 작아서 흥이 나지를 않았다.

참다못한 여자는 남자에게 저번에 자른 것을 다시 붙여 오라고 했다.
목소리가 전처럼 가늘어지면 어떻게 하냐고 묻자, 여자는 그래도 좋다고 했다.
그래서 남자는 다음 날 부지런히 그 병원을 찾아가서 의사를 만나 말했다.
"(굵직한 목소리로) 선생님, 저번에 자른 것 다시 붙여야 하겠는데요."
그러자 의사 선생님의 대답,
"(아주 가는 목소리로) 그것만은 안 돼요!"

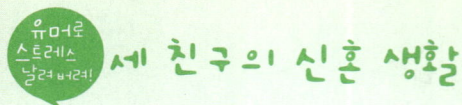
세 친구의 신혼 생활

대학 때 4인방으로 지내던 여자들 중 3명이 동시에 시집을 갔다.
그것도 어느 날 여행을 갔다가 밤에 만난 사람들과 결혼을 했다.
결국 단 한 명만 남게 되었다.
결혼하고 반년이 지나도 친구들한테 소식이 없자 혼자 남은 여자가 편지를 보냈다.
답장이 거의 동시에 왔다.

첫 번째 친구는 '초이스'라는 커피 이름을, 두 번째 친구는 '말보로'라는 담배 이름을, 그리고 마지막 친구는 '새마을호'라는 단어만을 적어 보냈다.
무슨 뜻인지 알 수 없어 여자는 먼저 초이스 커피를 열어 보았지만 역시 알 수가 없었다.
그래서 커피병 뚜껑을 닫으려고 하는데 거기에 이렇게 적혀 있었다.
'Enjoy fresh'
그걸 보고 첫 번째 친구가 깨가 쏟아지게 산다는 것을 알았다.

다음으로 두 번째 친구의 답장 내용을 알아보기 위해 말보로 담배를 피워 보았다.
하지만 재채기만 날 뿐 역시 뜻을 알 수가 없었다.
그런데 담뱃갑에 'Long & Strong'이라는 글귀가 적혀 있었다. 기가 차서!

이번에는 마지막 친구가 보내온 내용이 궁금해 서울역 대합실에 나가 보았다.
대합실에 들어서자마자 스피커를 통해 안내 방송이 흘러 나왔다.
"새마을호는 비가 오나 눈이 오나 매일 2회씩 정기 운행합니다."

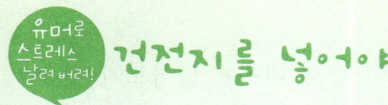

건전지를 넣어야

어떤 여자가 결혼을 했다. 한데 남편은 섹스에는 전혀 관심이 없고, 오로지 라디오를 듣는 데만 열중했다.
어느 날, 남편이 욕실에서 샤워를 하는 동안, 여자는 남편이 금지옥엽 애지중지하는 라디오를 숨겨 놓고 알몸으로 침대에 누워 남편이 나오기를 기다렸다.
욕실에서 나온 남편은 언제나 그랬듯이 라디오를 들으려고 했다. 그러나 테이블 위에 놓았던 라디오가 보이지 않았다.
남편은 집안 구석구석 이 잡듯이 꼼꼼하게 살펴보았으나 찾을 수가 없었다.
바로 그때 여자가 말했다.
"제가 당신의 라디오예요. 오른쪽 가슴이 FM이고 왼쪽 가슴이 AM이에요. 한번 작동시켜 보세요."
남편이 오른쪽 가슴을 한참 주무르다가 투덜거렸다.
"뭐야? 이거 아무 소리도 안 나잖아?"
그러자 여자가 대답했다.
"건전지를 넣어야 소리가 나죠!"

떨어진 기름

"아이고, 추워라!"
사나이가 침대 속에서 몸을 움츠리며 투덜거렸다.
"난로에 기름이 떨어졌어요."
침대 속에서 여자가 대꾸했다.
"당신 좀 가서 사 오지 않을래요?"
"싫어. 너무 추워서 나가기 싫어."
"그럼 둘이서 몸을 녹이는 수밖에 없겠네요."
여자는 알몸이 되어 사나이에게 몸을 감아 왔다.
이윽고 두 사람은 땀을 흘리며 몸을 데웠다.
그러나 그 일이 끝난 다음에 몸이 식자 다시 추위가 몰려왔다.
"여보! 추워 죽겠어요."
여자가 춥다고 보채자 어쩔 수 없이 둘은 또다시 땀을 흘렸다.
"여보, 한 번만 더~"
그러자 사나이가 홱 돌아누우며 퉁명스럽게 말했다.
"이제는 내 기름도 다 떨어졌단 말이야!"

공감 100배 웃음 보따리

[무얼 하고 있을까]

1. 낮에도 할 수 있습니다.
2. 10cm 이상 되고 딱딱하며 털이 있는 것으로 합니다.
3. 꼭 구멍(?) 속으로 넣고 하지요.
4. 상·하·좌·우 많이 움직입니다. 움직일수록 좋지요.
5. 대개 3분 이상은 하지요. 그 전에 끝나면 좀 더 하라는 말을 듣지요
6. 하면 할수록 하얀 액체가 많이 생기지요.
7. 세게 하면 피도 나옵니다.
8. 하얀 액체는 대개 물로 씻지요. 이따금 실수로 먹기도 합니다.
9. 먹으면 찝찝하기도 하고 간혹 상큼하기도 합니다.

나는 지금
…
…

'양치질'을 하고 있습니다.

 줄 서

결혼한 지 2년이 안 되는 만복이는 요즘 눈이 뒤집힐 지경이다.
아내 놀자가 다른 남자와 놀아난다는 소문이 들려오기 때문이다.
'기어이 내 눈으로 확인하고야 말리라!'
만복이는 소문을 확인해 보기 위해 아내에게 거짓으로 출장을 간다고 말했다.

그날 밤, 자기 집 담을 뛰어넘어 침실로 가 보니 아내가 다른 남자와 자고 있는 게 아닌가.
소문이 사실임을 눈으로 확인한 만복이는 분을 참을 수가 없었다.
"내 이것을 그냥…!"
그가 막 현관으로 달려가는 순간, 누군가 그의 목덜미를 잡고 하는 말,
"어디서 새치기를 하려고? 줄 서!"

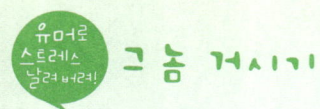

그놈 거시기

벙어리 부부가 신혼여행을 갔다.
방에서 신부가 수화로 물었다.
신부_ 당신, 콘돔 가지고 왔어요?
신랑_ 아! 그걸 깜박 잊었군! 약국에 사러 가서 어떻게 설명하지?
신부_ 약국까지 갈 필요 없이, 프런트에 가서 당신 거시기를 꺼내고 만 원을 주세요. 그 사람들은 신혼부부에 대한 경험이 많아서 당신이 뭘 원하는지 알 거예요!

한참 후, 신랑이 시무룩한 표정으로 들어왔다.
신부가 수화로 물었다.
신부_ 콘돔 사 왔어요?
신랑_ 아니!
신부_ 제가 시킨 대로 했어요?
신랑_ 응.
신부_ 그래서 어떻게 됐어요?
신랑_ 프런트에 가서 만 원을 올려놓고 내 물건도 꺼냈지. 그러자 안내인도 나처럼 만 원을 꺼내더니 자기 물건도 끄집어내지 않겠어?

신부_ 그래서요?
신부가 의아한 눈초리로 물었다.
그러자 신랑이 힘없이 수화로 대답했다.
신랑_ 걔 물건이 내 것보다 컸어. 그래서 걔가 2만 원 몽땅 가지고 가 버렸다구!

 흥분

신랑 신부가 황홀한 첫날밤을 맞게 되었다.
신부는 먼저 샤워를 끝내고 이불 속으로 쪼르르 빠져들어갔다.
신랑은 뭔가를 해야 할 것 같긴 한데, 쑥스러워서 뭘 어찌해야 할 바를 몰랐다.
그렇게 잠시 침묵이 흘렀다.
어색한 분위기를 깨야 할 것 같아서 신랑이 먼저 벌렁이는 가슴을 가까스로 누르며 말했다.
"자기야, 지, 지, 지금 몇 시 몇 분이야?"
그러자 신부가 애교 섞인 목소리로 대답했다.
"으~응, 몹시 흥분이야…."

어느 남녀가 연애 5년 만에 결혼식을 올리고 신혼 생활에 들어갔다. 부인은 처음 6개월간 밤마다 남편의 뜨거운 사랑에 너무나 행복한 시간을 보냈다. 그러나 하루 걸러 확인하던 사랑이 이틀에 한 번, 사흘에 한 번, 일주일에 한 번…….
2년 후에는 남편과 한 달에 한 번도 잠자리를 함께하기 힘들 지경에 이르렀다.
부인은 고민 끝에 기도를 드리기로 작정하고 매일 새벽 산에 올라 기도를 드렸다.

드디어 백 일째 되던 어느 날, 산신령이 나타나 부인에게 한 가지 방법을 가르쳐 주었다.
그 방법은 내일 이 시각 남편을 이 장소로 올라오게 하면 산신령님이 한 가지 주문을 남편에게 알려 줄 것이니 잠자리에 들기 전에 남편이 이 주문을 외우면 부인은 밤마다 극락 생활을 즐길 수 있다는 것이었다.
부인은 기쁜 마음으로 산을 내려왔다. 그리고 다음 날 새벽, 남편을 산에 올려 보내 산신령을 만나 주문을 배우게 했다.

과연, 그날 밤부터 남편이 180도로 바뀌어 부인은 신혼 생활의 즐거움을 만끽할 수 있었다.
물론, 잠자리에 들기 전 남편은 주문을 외웠고 부인은 들으면 안 된다는 조건이 있었다. 부인은 날이 갈수록 남편이 어떤 주문을 외우는지 궁금증이 더해 갔다.
결국 부인은 약속을 어기고 남편을 따라가 남편이 외우는 주문 소리를 들었다.
이 남편이 외우는 주문,
"이 여자는 내 여자가 아니다, 이 여자는 내 여자가 아니다."

원하는 것

댄은 한 쌍둥이 여성과 결혼했다.
일 년도 안 돼 그는 이혼 신청을 했다.
판사가 말했다.
"좋아요. 왜 이혼하고 싶은지 말해 보세요."
댄이 대답했다.
"존경하는 재판장님, 이따금 쌍둥이 여동생인 처제가 우리 집을 찾아오는데, 아내와 처제의 외모가 너무 똑같아서 처제와 실수로 성관계를 맺고는 합니다."
그러자 판사가 말했다.
"이해가 안 되네요. 잠자리에서는 두 여자가 분명히 차이점이 있을 텐데요."
그러자 댄이 말했다.
"제 말이 그 말입니다. 만약 그랬다면 절대로 재판장님을 만나지도 않았겠죠."

 ## 변강쇠의 힘자랑

세 명의 자칭 변강쇠들이 술을 마시고 있었다.
한 변강쇠가 먼저 힘자랑을 했다.
"어젯밤에는 네 번을 했어. 그랬더니 아침 밥상이 달라지던걸? 이것 참, 하하."

그러자 두 번째 변강쇠가 말했다.
"아, 나는 여섯 번을 뛰었더니 아침에 상다리가 부러지도록 밥상을 차리더군."

두 명이 말하는 동안 가만히 있던 나머지 한 명이 슬그머니 말했다.
"나는 겨우 한 번만 했어."
"겨우?"
나머지 둘은 한심하다는 표정을 지으며 아침 밥상이 어땠느냐고 물었다.
그러자 그 변강쇠 왈,
"제발 아침 식사 준비 좀 하게 해 달라더군."

공감 100배 웃음 보따리

[심오한 뜻]

1. 거시기가 어릴 때 껍질 안에 숨어 있는 건 자신을 드러내기보다는 내실을 충실히 하라는 뜻이고,
거시기가 자라서 껍질을 벗고 머리를 내놓는 건 자신의 능력을 감추지 말고 세상에 떨치라는 뜻이다.

2. 거시기가 단단해지는 건 단단한 마음가짐으로 세상을 살라는 뜻이고,
거시기가 평소에 부드러운 건 평소에 부드러운 마음가짐으로 세상을 살라는 뜻이다.

3. 거시기가 바로 서는 건 세상을 바로 살아가라는 뜻이고,
거시기가 누워 있는 건 세상을 느긋하게 누워서도 지켜볼 수 있어야 한다는 뜻이다.

4. 거시기가 여자 앞에서 고개를 드는 건 여자 앞에서 항상 당당해야 한다는 뜻이고,
거시기가 여자를 만난 후에 고개를 숙이는 건 여자를 존중할 줄도 알아야 한다는 뜻이다.

5. 거시기 주위에 털이 많은 건 내 주위에 많은 사람들이 있도록 대인 관계에 유념해야 한다는 뜻이고,
거시기 밑에 방울이 두 쪽인 건 정말 내게 소중한 친구가 두 명은 되어야 한다는 뜻이다.

6. 거시기가 힘차게 파고드는 건 일할 땐 강력하게 밀어붙이는 추진력을 가져야 한다는 뜻이고,
거시기가 파고든 후 눈물 흘리고 나오는 건 일이 성사된 후에 내 일부를 나누어 줄 수 있는 유대감이 필요하다는 뜻이다.

7. 거시기가 뜨거워지는 건 뜨거운 정열을 가지고 살아야 한다는 뜻이고,
거시기가 붉어지는 건 붉은 열정을 가지고 살아야 한다는 뜻이다.

8. 거시기가 어느 순간 커지는 건 좋아하는 일을 만나면 망설이지 말라는 뜻이고,
거시기가 곧바로 작아지는 건 욕심을 자제할 줄도 알아야 한다는 뜻이다.

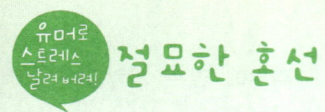 절묘한 혼선

신혼여행에서 돌아온 지 얼마 안 된 신부가 거시기가 아파 산부인과에 가게 되었다.
신랑이 퇴근하여 집에 돌아와 보니, 병원에 간 신부가 아직도 집에 돌아오지 않았다.
신랑은 걱정이 되어서 산부인과로 전화를 했다.
신랑_ 여보세요, 거기 산부인과죠?
간호사_ 네, 맞는데요.
신랑_ 네, 저 아무개 보호자 되는 사람인데요. 아직 진료가 안 끝났나요?
간호사_ 네, 좀 오래 걸리네요. 잠깐만요, 담당 의사 선생님이 바꿔 달랍니다.
신랑_ 네…….

그런데 이때 갑자기 찌---익 하더니 그만 자동차 정비 서비스 센터와 혼선이 되고 말았다.
자동차 수리공_ 여보세요, 여보세요? 선생님, 잘 안 들리십니까?
신랑_ 아뇨, 잘 들립니다.
자동차 수리공_ 그런데 선생님, 험하게 타셨더군요.

타신 지 얼마 안 되어 보이는데, 10여 년 탄 것처럼 되었더군요.
신랑_ 아, 네…. 그, 그게…….
민망해진 신랑은 얼굴이 화끈거려 더듬거리며 말을 잇지 못했다.
자동차 수리공_ 관건은 피스톤입니다. 윤활유가 부족한 데다 너무 심하게 운동한 결과입니다.
신랑_ 네, 앞으로는 조심하겠습니다.
자동차 수리공_ 다른 피스톤으로 시험을 해 보니까 아주 잘되더군요. 소리가 아주 부드러워졌습니다. 제가 몇 번 더 타 보고 전화드리겠습니다.
신랑_ 뭐, 뭐라고욧!

유통기한

너무나도 사랑하는 남녀가 있었다.
그런데 남자 쪽 집안이 너무 형편없어 여자의 부모가 결혼을 허락하지 않았다.
그러나 여자는 자기의 순결을 그에게 바치기로 했다.
그래서 여관에 들어갔다. 그런데 이게 웬일인가!
꼭 필요한 소중한 콘돔을 가지고 오지 않은 것이다.
할 수 없이 대체물을 찾고 있던 중 소시지 껍질이 눈에 들어왔다.
결국 소시지 껍질로 일을 마쳤는데 이게 또 웬일인가!
어찌나 격렬하게 했던지 소시지 껍질이 안 빠지는 것이었다.
고민하던 중 '나중에 알아서 빠지겠지.' 생각하고, 남녀는 결국 헤어졌다.

후에 여자는 집안 좋은 남자를 중매로 만나 결혼하게 되었다.
첫날밤 일을 치르고 난 신랑은 너무나도 놀랐다.
이상한 껍질 같은 것이 나오는 것이 아닌가!
"아니, 이게 뭐야?"

여자도 물론 기절할 뻔했지만 태연하게 왈,
"요새 여자들의 처녀막은 그렇게 생겼어요."
그러자 순진한 남편은 알았다는 듯이 고개를 끄덕이며
신기한 듯 한참을 살펴보더니 말했다.
"근데 요즘 처녀막은 제조일자랑 유통 기한도 적혀 있네? 거참, 신기하구먼."

 매일 밤?

남편이 지방 출장을 갔다가 3개월 만에 집에 돌아왔다.
"여보, 너무너무 보고 싶었어. 사랑해!"
"자기, 빨리 해 줘요. 얼마나 하고 싶었는지 몰라요."
두 사람은 정신없이 관계를 가지며 신음 소리를 냈다.
그런데 갑자기 옆방에 혼자 사는 사나이가 문을 쾅쾅 두드리며 소리쳤다.
"야! 더 이상 못 참겠다. 이 집에 너희만 사냐! 매일 밤 하는 사람들은 너희밖에 없어!"

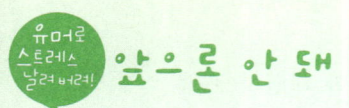 

앞으론 안 돼

수수밭에서 김을 매던 아낙이 그늘에서 쉬고 있는데, 마침 굴비 장수가 지나갔다.
"굴비 사려, 굴비! 밥도둑 굴비가 왔어요. 아주머니, 굴비 사세요."
"사고 싶어도 돈이 없어요."
메기수염을 한 굴비 장수는 뙤약볕 들녘을 한번 휘둘러보더니 말했다.
"그거 한 번 하면 한 마리 주겠소."
가난한 아낙은 잠시 생각에 잠겼다.
주먹밥 싸 들고 품 팔러 간 남편의 얼굴이 떠올랐다.

그날 저녁 밥상에 굴비 한 마리가 올랐다.
"웬 굴비여?"
아낙은 수수밭 고랑에서 굴비 잡은 이야기를 했다.
사내는 굴비를 맛있게 먹고 나서 말했다.
"앞으로는 절대 하지 마!"

며칠 후 굴비 장수가 다시 마을에 나타났다.
그날 저녁 밥상에 굴비 두 마리가 또 올랐다.

"또 웬 굴비여!"
아낙이 굴비를 발라 주며 말했다.
"당신이 앞으로는 하지 말라고 해서, 앞으로는 안 허고 뒤로 했구먼유."
"이넘의 여편네야! 사내 밑에 깔리지 말란 뜻이잖어! 알았어? 으이그, 이걸 그냥!"

그리고 며칠 후 또 굴비 장수가 마을에 나타났다.
그런데 그날 저녁 밥상에는 굴비가 세 마리나 또 올라온 것이었다.
"또, 또, 웬 굴비여!?"
아낙이 굴비를 발라 주며 말했다.
"당신이 사내 밑에 깔리지 말라 혀서, 내가 사낼 깔고 앉았구먼유~"

공감 100배 웃음 보따리

[유식한 ~그라]

1. 봐주그라
이걸 먹이면 머리 스타일을 바꾸거나 새 옷을 입어도 무관심하고, 관심을 끌어 보려고 알몸으로 돌아다녀도 쳐다보지도 않던 남편의 눈에 번쩍 불이 들어오게 할 수 있다.

2. 사주그라
남편에게 이걸 먹이면, 생일이나 결혼기념일뿐 아니라 수시로 선물을 받을 수 있다.

3. 참그라
비아그라와 정반대의 약효를 지닌 것으로, 여성용이며 좀 우아하게 쉬고 싶을 때나 임신 중일 때, 생리 중일 때 먹으면 된다.

4. 니보그라
제멋대로 TV 채널을 돌리던 막무가내 남편에게 이 약을 먹이면, TV 채널을 부인 맘대로 할 수 있게 된다.

5. 나가그라
쉬는 날 집에만 있는 남편에게 이 약을 먹이면, 부인에게 산으로 들로 놀러 가자 보채게 된다.

6. 입떼그라
집에 오면 '밥 먹자', '자자' 이외에는 입을 봉하는 남편에게 먹이면 아주 말이 많아진다.

7. 착하그라
악처에게 이 약을 먹이면 착하게 변하고, 시댁 식구를 우습게 알던 버릇도 싹 고쳐진다.

8. 좀닦그라
잘 치우지 않는 게으른 부인에게 먹이면, 걸레를 항상 손에 들고 다닌다.

9. 꿈깨그라
왕비병·공주병에 걸린 아내를 위해 먹이는 약

10. 게있그라
밖으로 돌아다니길 좋아해서 집에 붙어 있지 않는 아내에게 먹이면, 얌전히 집에만 있게 된다.

동서 사이

청상과부 시어머니와 며느리가 한집에 살았다.
비가 몹시 오는 어느 날.
개울을 건너려는데 물이 너무 불어서 건너질 못하고 있었다.
지나가던 돌쇠 녀석이 그 모습을 보더니 왈,
"제가 두 분을 업어서 건네드릴게유."
돌쇠는 먼저 젊은 과부를 업고 건네주었다. 내려놓고 보니 비에 젖은 모습이 너무나 요염했다. 그래서 그냥 엎어 놓고 한 번 관계를 가져 버렸다.
그러자 건너편에서 보고 있던 시어머니가 소리쳤다.
"아가! 아가! 삐틀어라, 삐틀어!"
그러나 정에 굶주린 청상과부의 귀에 그 말이 들릴 리 없었다.

다음 차례는 시어머니였다.
돌쇠가 업고 건너면서 생각하니 한 사람만 관계를 하면 뒷말이 많을 것 같았다.
그래서 뒤탈이 없도록 시어머니도 건네주고는 일을 치렀다.

그랬더니 며느리 또한 소리를 지르는 것이었다.
"어머니, 쁴트세요, 쁴트세요!"
하지만, 시어머니도 며느리의 말을 들을 생각이 애시당초 없었다.

돌쇠가 가고 나서 생각해 보니, 할 때는 좋았는데 걱정이 되었다.
시어머니가 며느리에게 왈,
"아가, 우리 오늘 있었던 일 없었던 걸로 하자잉?"
그러자 며느리 왈,
"내 걱정은 말고 동서나 어디 가든 입조심하시게."

맞다면 맞아

어느 시골에 사는 조금 지능이 모자라는 듯한 총각과 처녀가 결혼식을 올리고 신혼여행을 갔다.
첫날밤의 대사(大事)를 치른 후, 신랑이 말했다.

신랑_ 자기는 처녀가 아닌 것 같아!

신부_ 처녀 맞다고 그러던데요?

신랑_ 누가?

신부_ 우리 동네 이장님이요!

신랑_ 그분이 뭐라고 했는데?

신부_ 우아, 너 진짜 처녀네! 그라카던데요.

신랑_ 그래? 이장님이 그랬다면 진짜 처녀가 맞겠군.

엉큼한 산신령

어느 날 선녀가 목욕을 하고 나서 옷을 입으려고 하는데 옷이 사라지고 없었다.
선녀가 몹시 당황해하고 있는데, 어디에선가 산신령이 나타났다.
"네 옷은 여기 있느니라."
갑자기 나타난 산신령 때문에 선녀는 급히 두 손으로 아래를 가렸다.
그러자 산신령은,
"아이고, 가슴이 보이는구나!"
그 말에 선녀는 급히 두 손으로 가슴을 가렸다.
그러자 산신령은 흐흐 웃으며 한마디 던졌다.
"볼 거 다 봤다. 옷 가져가거라."

고자와 여승

옛날에 왕이 자주 다니는 절에 한 여승이 머슴 하나만 두고 살았다.
'머슴이 자꾸 나를 탐내는 것 같아 불안하구나.'
여승은 그 머슴을 내쫓고 왕에게 부탁하여 믿을 만한 고자 한 사람을 골라 달라고 부탁했다.
왕은 전국의 고자를 모두 잡아 오라고 명령을 내렸다.
신하들이 고자 100명을 잡아 와서 진짜 고자인지 시험했다.
아랫도리를 모두 벗기고 그 앞으로 천하절색 기생들을 알몸으로 지나가게 했다.
그중에서 열 사람만이 통과되었다.
다음은 그 열 사람 모두를 각각 기생과 한방에 재워 보았다.
그래서 겨우 한 사람을 고를 수 있었다.
그를 여승에게 보내면서 왕은 자신 있게 말했다.
"우리나라에서 진짜 고자는 이자 한 사람뿐이다."
여승이 일을 시키면서 보니까 일도 잘하고 더욱이 순수하여 남녀 자체를 전혀 분간을 못하는 것 같았다. 그래서 매우 만족했다.

어느 날 여승이 강가에서 목욕을 하는데 누군가 자기를 바라보는 느낌이 들었다.
돌아보니 그 머슴이 자기를 멍하니 쳐다보고 있는 게 아닌가.
여승은 부리나케 몸을 움츠리며 호통을 쳤다.
"너는 지금 무엇을 그렇게 바라보고 있느냐?"
그러자 그 머슴이 눈을 둥그렇게 뜬 채 대답하는 것이었다.
"스님, 스님의 몸은 소인과 다르게 생겼습니다. 두 다리 사이에 있는 그것은 무엇입니까?"
여승은 하도 어이가 없어 말을 못했다.
아무리 고자라도 남녀의 거기가 다르다는 것을 모를 만큼 세상에 어두울 것이라고는 생각하지 못했기 때문이었다.
그래서 여승은 머슴이 앞으로 다른 생각을 못하게 해야겠다고 생각하고 말했다.
"이곳은 나쁜 짓을 한 놈들을 잡아 가두는 곳이다."
"아, 그렇습니까."
머슴은 희한한 세상 이치를 깨달은 듯이 연방 머리를 끄덕이며 돌아갔다.

어느 날 여승이 밖을 내다보니 머슴이 아랫도리를 벗고, 그 위에 스님의 두건을 올려놓고 왔다 갔다 하면서 어쩔 줄 몰라 하는 것이었다.
여승은 머슴을 불러 물었다.
"지금 무엇을 하고 있느냐?"
그러자 머슴은 걱정스러운 표정으로 말했다.
"스님, 큰일 났습니다. 어떤 놈이 스님의 두건을 훔쳐 갔는데 보이지 않습니다."
"이놈아, 두건은 지금 네 앞에 걸려 있지 않느냐?"
그러자 머슴이 자기 앞을 내려다보더니,
"아! 네놈이었구나!"
하면서 두건을 홱 잡아 젖히는 것이었다.
그러자 기다란 가지 같은 물건이 90도로 드러나는 게 아닌가!
머슴은 그걸 바라보며 무섭게 야단을 쳤다.
"네놈이 두건을 훔치고도 무사할 줄 알았느냐? 스님! 이놈을 스님의 그 감옥에 가둬 넣어야겠소이다."
여승은 저놈이 정말 몰라서 그러는지 알고 그러는지 알 수가 없었다.
그래도 자기가 한 말이 있으니까 그놈을 가둬 넣기로 했다.

그놈을 한참 혼낸 후에 머슴이 하는 말,
"스님! 이놈이 이젠 잘못했다고 눈물을 뚝뚝 떨구는데 그만 내보내 주시지요."
그러자 스님이 하시는 말씀,
"아니다. 그놈이 두 번 다시 나쁜 짓을 못하게 좀 더 가둬 두는 게 좋겠다!"

 상중이라

오정이가 약국에 가서 약사에게 물었다. 아주 비장해 보이는 심각한 표정이었다.
오정_ 저어…, 혹시 검정색 콘돔 있나요?
약사_ 검정색 콘돔요? 그런 것은 없습니다, 손님.
오정_ 그래도 혹시 잘 좀 찾아보세요. 혹시 있을지….
약사_ 그런데 왜 하필 검정색을 찾으시죠?
오정이는 한참을 망설이다 대답했다.
"그게…, 제가 지금 상중(喪中)이라서요."

공감 100배 웃음 보따리

[다음의 공통점은?]

1. 보기만 하면 올라타고 싶어 한다.
2. 아무리 오래 해도 싫증이 안 난다.
3. 기술은 서툴러도 힘으로 밀어붙인다.
4. 조용하지 않고 요란한 편이다.
5. 남들이 '저 시절이 좋을 때'라고 말한다.

답) 신혼부부와 초보 운전자

[무엇일까요?]

1. 남자의 가운데에 있습니다.
2. 걸어 다니면 흔들립니다.
3. 아래로 축 처져 있습니다.
4. 앞쪽이 더 굵습니다.

답) 넥타이

앙갚음

나무꾼이 개울에서 목욕을 하는데 선녀가 숨어서 지켜보고 있었다.
선녀는 예전에 자신이 당했던 게 너무 억울하여 이번에는 자신이 나무꾼의 옷을 숨겨 놓았다.
이윽고 나무꾼이 목욕을 다 끝내고 밖으로 나왔다.
그런데 있어야 할 곳에 옷이 없었다. 나무꾼은 당황하여 사방을 둘러보았다.
그때 갑자기 숲에서 선녀가 뛰어나왔다. 깜짝 놀란 나무꾼은 급히 작은 바가지로 중요 부위를 가렸다.
선녀가 도도한 목소리로 명령했다.
"손 빼!"
그러자 나무꾼이 한쪽 손만 뺐다.
이에 흥분한 선녀가 다시 명령했다.
"마저 빼!"
나무꾼은 마저 손을 놓았다.
그러나 마침 그곳이 약간 발기가 되어 있어 쪽박이 그대로 걸려 있었다.
그러자 선녀가 다시 명령했다.
"인마, 힘도 빼!"

하루는 목수, 전기공, 의사가 모여서 결혼을 앞둔 친구를 골려 줄 방법을 모의하고 있었다.
먼저 목수인 남자가 말했다.
"난 그 녀석 침대 다리를 반쯤 잘라 놓을 거야. 한창 힘쓰는 도중에 털썩 주저앉도록! 하하하!"
그 말을 들은 전기공이 말했다.
"난 침대에 전깃줄을 연결해 놓을 거야. 그래서 땀 흘리면 즉시 감전이 되도록…!"
그랬더니 이번엔 의사가 얼굴 가득 웃음을 머금고 말했다.
"킥킥킥킥킥…, 내 주머니엔 아주 기가 막힌 게 들어 있지."

얼마 후 친구는 결혼식을 올렸고, 결혼한 다음 날 세 친구에게 편지가 도착했다.
"침대 주저앉은 것은 애교로 봐줄 수 있어. 그리고 전기에 감전된 것도 참아 줄 수 있지. 하지만 콘돔에 마취약 발라 놓은 놈이 누군지 걸리기만 하면 죽여 버리겠어!"

모를 줄 알고

멀구와 탱자가 있었다.
흑심이 발동한 멀구가 탱자의 팬티를 보기 위해 고심하던 중 묘안이 떠올랐다.
탱자에게 저 앞에 보이는 소나무 위에 올라가 보라고 하는 것이었다.
멀구의 꾐에 넘어가 나무에 열심히 올라가던 탱자가 하는 말,

"이 엉큼한 놈아, 네 속셈을 모를 줄 알고? 내 팬티 볼 생각 마! 그럴 줄 알고 안 입었으니까…, 호호!"

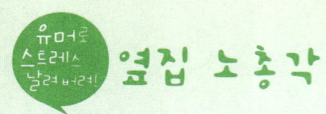
옆집 노총각

젊은 부부의 옆집에 한 노총각이 이사를 왔다.
며칠 후 초인종이 울려서 남편이 현관문을 열었다.
노총각이 서 있었다.
"웬일이시죠?"
"사실 며칠 전부터 우연히 베란다에서 일광욕을 하는 부인을 목격했습니다."
"그런데요?"
"아름다운 몸매를 갖고 계시더군요."
"네?"
"한 가지 제안을 하겠습니다. 100만 원을 드릴 테니 댁의 아내 젖꼭지에 키스할 수 있도록 해 주십시오."
노총각을 날려 버리려는 찰나, 부인이 남편을 불렀다.
어차피 닳는 것도 아니고 거저 생기는 돈인데 눈감고 한번 들어주자고.
그래서 노총각은 남편이 입석한 자리에서 가슴을 드러낸 부인 앞으로 인도되었다.
한참을 부인의 가슴에 얼굴을 파묻은 채 키스를 할 듯 말 듯하는 그에게 남편이 물었다.
"도대체 키스는 언제 할 거요?"

그러자 노총각 왈,
"하고 싶어도 못해요. 100만 원이 없거든요."

동굴 탐험을 즐기는 남편이 예전처럼 자신을 사랑해 주지 않자 아내가 말했다.
"흥! 예전에는 제 동굴이 신비롭다고 하더니 이제는 아닌가 보죠?"
그러자 남편이 퉁명스럽게 대답했다.
"물론 예전에는 그랬지. 하지만 탐험을 계속하다 보니까 신비로운 동굴이 세상에 많다는 걸 알게 되었을 뿐이야."

딱 두 번

즐거운(?) 신혼 첫날밤 그 일을 치른 신랑이 심각한 표정으로 담배를 피워 댔다.
아무래도 자신이 첫 번째 남자가 아닌 것 같다는 생각이 들었기 때문이었다.
참다못해 신랑이 신부에게 물었다.
"자기, 혹시 결혼 전에 다른 남자랑 잔 적 있어?"
신부는 이 말을 듣자 펄쩍 뛰면서 말했다.
"아니, 어떻게 그런 말을……."
그러나 신랑은 믿을 수 없어 계속해서 추궁 반 회유 반으로 물었다.
"괜찮아. 요즘 세상에 한두 번 그럴 수도 있지, 뭐. 과거 있는 여자는 용서해도 음식 못하는 여자는 용서 못한다는 말도 있잖아. 사실대로 이야기해 봐."
신랑이 이렇게 어르고 달래자 신부가 사실을 털어놓고 용서를 빌었다.
"사실 딱 두 번 있었어요. 용서할 수 있죠? 한 번은 남성 합창단하고, 또 한 번은 오케스트라단하고요."

웃·으·면·건·강·해·져·요

웃음은 최고의 치료제

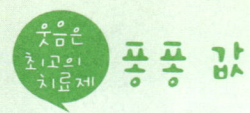
퐁퐁 값

어느 날 아이가 엄마와 목욕탕에 갔다.
갑자기 아이가 엄마의 거시기를 가리키며 물었다.
"엄마, 이게 뭐야?"
엄마가 당황해서 얼버무린 말,
"응, 이건 수세미란다. 엄마 것은 5천 원이란다."

일주일 후, 이번에는 아이가 아빠와 단둘이 대중탕에 갔다.
아이가 아빠의 거시기를 유심히 쳐다보더니 엄마한테 했던 똑같은 질문을 했다.
"아빠, 아빠 수세미는 얼마야?"
아빠도 대충 얼버무리며 말했다.
"응, 아, 아빠 것은 7천 원이란다."

잠시 후, 아이가 또 당황스런 질문을 했다.
"아빠, 근데 아빠 것은 왜 7천 원이고 엄마 것은 5천 원이야?"
한참을 고민하던 아빠의 대답,
"응, 아빠 것은…, 가끔 퐁퐁도 나오거든!"

손 안 대기

할아버지와 할머니가 살고 있었다. 둘이 부부 싸움을 할 때마다 언제나 할머니의 승리로 끝났다.
할아버지는 어떻게든 죽기 전에 할머니에게 한번 이겨 보는 게 소원이었다.
그래서 궁리 끝에 할아버지가 할머니에게 한 가지 제안을 했다.
"우리 오줌 멀리 싸기 내기를 합시다."

그런데 결과는 또 할아버지가 지고 말았다.
당연히 오줌 멀리 싸기라면 남자가 이기는 법인데….
시합 전 할머니가 내건 단 한마디의 조건 때문이었다.
그 조건은 무엇이었을까?

"영감! 절대 손대기 없기요."

셈이 안 맞아

며느리가 손자에게 젖을 먹이고 있었다.
그런데 손자가 젖을 안 먹고 해찰을 부렸다.
손자에게 젖을 먹이고 싶어 할아버지가 말했다.
"이노옴! 너 안 먹으면 할아버지가 먹는다!"
그런데 바로 그때 아들이 문을 열고 들어서면서 화가 난 목소리로 말했다.
"아버지, 그 연세에 어찌 며느리 젖을 다 먹으려고 하십니까?"
아들의 말에 슬그머니 노여움을 탄 할아버지는 손가락으로 아들을 가리키며 꾸짖었다.
"너는 이놈아! 예전에 내 마누라 젖을 몇 년이나 먹었는데…. 그래, 내가 네 마누라 젖 한 입도 못 먹는다는 게 말이 되냐? 엉!"

 ## 그 약 어디에 썼을까

사오정이 결혼을 하여 아들을 낳았다.
그런데 그 아들은 실험 정신이 투철했다.
하루는 오정이가 출근을 하는데 아들 녀석이 못질을 하고 있었다.
오정이가 다가가서 물었다.
"웬 못질을 하는 거니?"
그러자 아들 녀석이 대답했다.
"아빠, 이것은 못이 아니고 벌레예요. 근데 제가 만든 특수약을 발랐더니 벌레가 못처럼 뻣뻣해졌어요."
귀가 번쩍 뜨인 오정이가 아들 녀석에게 자전거를 사 주기로 하고 그 약을 조금 얻었다.

이틀 뒤 집 마당에 자전거 한 대와 자가용 한 대가 들어섰다.
아들이 오정에게 물었다.
"아빠, 저 자가용은 뭐예요?"
"응, 자전거는 내가 사 주는 거고, 자가용은 네 엄마가 사 주는 거란다."

누나를 사려고 해요

어느 날 아버지가 아들을 데리고 소 경매 시장에 갔다.
사람들이 소의 몸을 만지작거리는 것을 본 아들이 아버지에게 물었다.
"아버지, 왜 소를 만지작거려요?"
아버지가 친절하게 설명했다.
"소를 사려면 만져 봐야 한단다."

며칠 후 아들이 급하게 집으로 뛰어왔다.
아버지가 물었다.
"뭐가 그렇게 급하냐? 숨넘어가겠다."
"아버지! 큰일 났어요."
"왜?"
"옆집 형이 누나를 사려고 해요."

기발한 생각

칠십 먹은 노인이 비아그라를 먹고 바람을 피우다 복상사를 했다.
그런데 거시기가 죽지 않고 서 있는 것이었다.
꼿꼿이 서 있는 거시기 때문에 도저히 관 뚜껑을 닫을 수 없었다.
고민하던 큰아들이 한 가지 기발한 생각을 해냈다.
죽은 아버지 귀에다 대고 작은 소리로 한마디를 했더니, 발딱 서 있던 거시기가 사르르르 시들기 시작하더니 죽었다.
가족들이 신기해하며 아들에게 물었다.
"도대체 뭐라고 말씀드렸어요?"
"음, 그건······."
아들은 어머니의 눈치를 보며 입을 열었다.
"아버지! 어머님 오셨습니다."

공감 100배 웃음 보따리

[민망한 취향]

에로물을 빌려 보려고 슬쩍 하나를 뽑았는데 우르르르~
옆에 꽂혀 있던 에로 비디오들이 몽땅 쏟아져 버렸을 때

민망해하면서 얼른 비디오들을 챙겨서 꽂는데
비디오 가게 아가씨가 야릇한 눈빛을 쏘면서 "제가 도와
드릴까요?" 할 때

에로 비디오를 꽂아 놓고 외출했다가 돌아왔는데
내가 어제 보던 장면이 아니고 다른 장면이 나올 때

비디오 가게 관리 프로그램 고객 취향란의 내 취향이
'에로'라고 적혀 있는 걸 발견했을 때

고객 취향란에 적혀 있는 '에로'를 '액션'으로 만회하기
위해서 한 달 동안 액션물 100개를 빌려 봤는데
나중에 확인했더니 여전히 고객 취향이 '에로'로 적혀 있
을 때

맞아 죽은 이유

어느 과학자가 정력 팬티를 발명했다.
이 팬티만 입으면 아랫도리가 불끈불끈… 천하의 옹녀를 데려와도 상대할 정도로 힘이 넘치는 것이었다.
이 과학자는 직접 팔아 큰돈을 벌 욕심에 실버타운으로 세일즈를 나갔다.
힘이 떨어진 할아버지들을 모아 장사를 하자, 팬티는 날개 돋친 듯 다 팔렸다.
미처 사지 못한 노인들의 원성이 대단할 정도였다.

다음 날 과학자는 충분한 수량의 팬티를 가지고 다시 실버타운을 방문했다.
그런데 과학자는 그날 그곳 노인들한테 맞아 죽었다.
"아 글씨~ 팬티를 입고 있으면 힘이 솟구치다가도 팬티만 내렸다 카면 대번에 죽어 뿌는디 사람 환장할 노릇 아니것어!"

평소 호기심이 많은 아들이 목욕탕 열쇠 구멍으로 예쁜 가정부 누나가 목욕하는 것을 구경하다 엄마에게 들켰다.
엄마는 일단 아들에게 꿀밤 한 대를 먹이고 말했다.
"이놈 자식 뭐하는 거야?"
그래도 호기심이 많은 아들은 엄마에게 물었다.
"가정부 누나 다리 사이에 있는 시꺼먼 게 뭐예요?"
몹시 당황한 엄마가 생각나는 대로 말했다.
"아, 그건 칫솔이란다."
"아, 이제 알겠다."

잠시 후 아들이 다시 고개를 갸우뚱하더니 말했다.
"그런데 엄마, 아빠는 왜 가끔 가정부 누나 칫솔로 이를 닦는 거야?"

하나와 여러 개

다섯 살 난 똘이와 미화는 한동네 친구이다.
어느 날, 미화가 예쁜 공주 인형을 가지고 와서는 똘이에게 자랑했다.
미화_ 넌 이런 거 없지롱? 메롱~
똘이는 너무 약이 올라서 잠시 생각에 잠겼다.
똘이_ 나한테는 있고, 미화한테는 없는 것이 뭐지?
마침내 똘이는 바지를 내리며 말했다.
똘이_ 넌 이런 거 없지롱~!
미화는 두리번두리번 자신의 몸에서 똘이의 그것을 찾다가 없자, 마침내 울면서 집으로 돌아갔다.

잠시 후, 미화는 의기양양한 미소를 띤 채 똘이를 찾아와 말했다.

미화_ (치마를 걷어 올리며) 울 엄마가 그러는데, 이런 거 갖고 있으면 나중에 그런 거 여러 개도 가질 수 있대. 약 오르지롱!

묻지마 관광

할머니 할아버지들이 묻지마 관광을 떠났다.
짝짓기를 하는데 유난히 색을 밝히는 할머니가, 머리가 벗겨지면 정력이 좋다 하여 일부러 대머리 할아버지를 점찍었다.
같이 갔던 할머니 친구도 대머리 할아버지를 보고 반하여, 두 할머니가 대머리 할아버지를 두고 다투었다.
대머리 할아버지를 먼저 점찍은 색녀 할머니는 마침 앞에서 걸어오는 이빨이 듬성듬성 빠진 못생긴 할아버지를 친구에게 엮어 주었다.

재미있게 관광을 마치고 여관에 들어갔는데, 대머리 할아버지의 정력을 믿었던 할머니는 생각만큼 시원치 않은 대머리 할아버지의 실력에 즐거운 정분 나누기를 포기하고 일찍 잠들었다.
그런데 못생긴 할아버지와 옆방으로 들어갔던 할머니 친구는 밤새도록 잠도 안 자고 '오매 나 죽어!' 하며 신음 소리를 냈다.

다음 날 아침, 색녀 할머니가 친구에게 물었다.

"도대체 그 영감탱이가 얼마나 잘해 주길래 밤새도록 좋아서 죽는다냐?"
그러자 할머니 친구 왈,
"좋아 죽기는…! 말도 말어. 그놈의 영감탱이 이빨 사이에 내 젖꼭지가 끼여서 빠지질 않는 탓에 밤새 아파 죽는 줄 알았구먼…."

 ## 다리 먼저

꼬마가 엄마에게 물었다.
"엄마, 죽어서 하늘나라에 올라갈 때, 두 다리 먼저 올라가는 거야?"
"글쎄, 그건 왜 묻니?"
"응, 지금 2층에서 아줌마가 누워서 발을 들고 '옴마야, 나 죽네. 아이고, 나 죽네…!' 이렇게 소리치는데, 아빠가 그 위에서 못 올라가게 엎드려서 꾹꾹 누르고 있거든."
"뭐, 뭐야…?!"

날이 저물어 곶감 장수가 외딴집에 찾아가서 하룻밤 묵기를 간청했다. 그 집에는 딸과 며느리와 시어머니, 이렇게 여자 셋이 살고 있었다.

저녁을 배불리 얻어먹은 곶감 장수가 자리에 누워 잠을 자려 했으나 여간해서 잠이 오질 않고, 세 여자의 얼굴만 삼삼하게 떠오르는 것이었다.
그래서 곶감 장수는 그 집 딸을 슬그머니 불러내어 말했다.
"나하고 한 번 같이 잡시다. 대신 그 일을 하는 동안에 수를 세면 수를 센 만큼 곶감을 주겠소."
너무도 순진한 딸은 꾐에 넘어가고 말았다.
그래서 그 일을 시작하는데, 숫처녀였던 딸은 열도 세지 못하고 그만 기절해 버렸다.
때문에 제대로 재미를 못 본 곶감 장수는 다시 며느리를 불러내 똑같은 제안을 했다.

남편이 장사를 떠난 지 석 달이 넘도록 돌아오지 않은 지라, 이 며느리는 금방 꾐에 넘어가고 말았다.

그리고 그 일을 시작하자마자,
"흐으~웅! 오매, 나 죽어!"
소리를 질러 대느라고 수를 세는 것조차 잊어버리고 말았다.

이 모든 일을 문밖에서 엿듣고 있던 시어머니는 불같이 화가 났다.
"이 괘씸한 것들! 곶감을 얻을 수 있는 이 좋은 기회를 그렇게 놓치고 말다니…!"
시어머니는 스스로 자청해서 곶감 장수의 방으로 들어갔다.
곶감 장수는 마다할 리가 없었다.

그런데… 이 시어머니야말로 20여 년을 독수공방으로 지내온 터라, 일을 시작하자마자 탄성이 터져 나오는 것을 어쩌지 못했다.
시어머니의 탄성을 듣다 못한 곶감 장수가 시어머니의 따귀를 힘껏 때리며 하는 말,
"아무리 곶감에 욕심이 생겨도 그렇지! 하나부터 안 세고 억부터 세는 사람이 어딨어! 이 욕심 많은 늙은 할망구야!"

공감 100배 웃음 보따리

[남자 탐구]

흥분 잘하는 남자
팬티에서 구멍을 찾을 수 없자 온몸을 떨며 허리띠까지 풀고 오줌을 누는 남자

사교적인 남자
오줌이 마렵든 안 마렵든 친구를 따라가 오줌을 누는 남자

호기심 많은 남자
옆 사람 거시기가 자기 것보다 큰지 보려고 옆만 보고 오줌을 누는 남자

똑똑한 남자
손으로 거시기를 잡지 않고 지렛대 원리로 지퍼에 걸치고 소변보는 남자

순진한 남자
오줌 줄기를 변기의 상하좌우로 휘둘러 대며 자기 이름을 새겨 보거나, 열심히 파리나 모기를 맞히려고 애쓰는 남자

불만형 남자
오줌이 다 마를 때까지 거시기를 50회 이상 흔들어 대는 남자

터프한 남자
거시기의 오줌을 털어 내기 위해 거시기를 변기에다 탕탕 치는 남자

깐깐한 남자
거시기가 말랐나 안 말랐나 손가락으로 만져 보고 확인하는 남자

경제적인 남자
대변 마려울 때까지 기다렸다가 한꺼번에 두 가지 다 해결하는 남자

술 취한 남자
왼손으로 오른쪽 엄지를 붙잡은 채 그냥 팬티에 소변보는 남자

고개 숙인 남자
한참 동안 오줌 나오길 기다렸다가 터는 시늉만 하고 그냥 가 버리는 남자

황당한 남자
새우깡만 한 거시기를 야구 방망이 붙잡듯이 두 손으로 붙잡고 볼일을 보는 남자

셈이 맞게

다섯 살이나 된 아들이 자꾸 엄마의 가슴을 만지자 아빠가 말했다.
"야, 엄마 가슴 만지지 마. 엄마 가슴은 아빠 거야."
아들은 눈을 동그랗게 뜨더니 물었다.
"엄마 가슴인데 왜 아빠 거야?"
마땅히 대답할 말이 없자, 곰곰이 생각하던 아빠가 말했다.
"엄마는 아빠 색시니까 그렇지. 너도 나중에 결혼해서 네 색시 것 만지면 되잖아."

잠시 후, 시무룩해져 있던 아들이 활짝 웃으면서 아빠에게 말했다.
"아빠, 그럼 지금은 내가 엄마 가슴 만지고, 나중에는 아빠가 내 색시 가슴 만지면 되겠네. 그렇지?"

무엇이 알고 싶은지

일찍 성에 눈을 뜨는 요즘 아이들 때문에 몽돌이 아버지는 걱정이 이만저만이 아니다.
몽돌이가 여덟 살이 되자 성교육을 시켜야겠다고 결심했다.
"몽돌아, 아빠가 너랑 하고 싶은 이야기가 있어."
"네, 아빠. 하세요. 뭔데요?"
어떻게 말을 꺼내야 할지 몰라 진땀을 뻘뻘 흘리다가 어렵게 말을 꺼낸다.
"응, 다른 것이 아니고, 성에 관한 것인데……."
그러자 몽돌이가 아버지의 눈을 그윽하게 들여다보며 조용히 하는 말,
"편히 말씀하세요. 무엇이 알고 싶으신데요?"

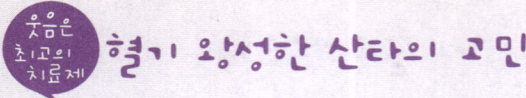

혈기 왕성한 산타의 고민

산타 할아버지가 착한 어린이에게 선물을 주려고 좁은 굴뚝을 통해 어느 집에 가까스로 내려갔다. 그런데 집을 잘못 찾아 들어갔다.

그 방에는 아이는 없고 아름다운 아가씨가 실오라기 하나 안 걸친 몸으로 자고 있었다.

"아이고, 또 잘못 찾았군."

산타 할아버지는 투덜거렸다.

그러더니 자고 있는 아가씨를 한참 바라보다가 한숨을 쉬며 중얼거렸다.

"곤란하게 됐군. 아가씨와 사랑을 나누면 천국에 돌아갈 수 없을 것이고, 그렇다고 아무것도 하지 않으면 이놈이 걸려 굴뚝을 빠져나갈 수 없을 텐데 이를 어쩐다…."

 영리한 아들

수영장에 놀러 간 꼬마가 엄마에게 물었다.
"엄마, 엄마! 왜 어떤 여자는 가슴이 크고 어떤 여자는 가슴이 작아?"
갑작스러운 꼬마의 질문에 당황한 엄마가 대충 둘러대며 말했다.
"어…, 그게 말이야, 돈 많은 여자는 가슴이 크고, 가난한 여자는 가슴이 작은 거란다."

조금 있다가 꼬마가 또 엄마에게 물었다.
"엄마, 엄마! 왜 어떤 남자는 물건이 크고 어떤 남자는 물건이 작아?"
"어? 아, 그게 말이지, 똑똑한 남자는 물건이 크고 머리 나쁜 남자는 작은 거란다."

잠시 후 꼬마가 또 엄마에게 뛰어오더니 말했다.
"엄마, 엄마! 아빠가 돈 많은 여자를 보더니 갑자기 머리가 좋아지고 있어!"

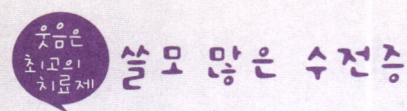
쓸모 많은 수전증

치매에 걸린 할아버지가 있었다.
어쩌다 할아버지의 증세가 심해지면, 어느 누구도 진정을 시키지 못할 정도로 발작이 심했다.
며느리가 병원에 가서 상담을 하였다.
의사 선생님이 말했다.
"발작이 심하실 때, 할아버지를 꼬옥 붙잡으면 진정하실 겁니다."

어느 날, 또다시 발작을 일으키는 시아버지를 붙잡던 며느리.
아뿔싸!!! 실수로 시아버지의 거시기를 잡아 버렸다.
그런데 정말 의사 말대로 너무 차분하게 진정이 되는 것이었다.

그로부터 가족들이 차례로 할아버지의 거시기를 붙잡았고, 할아버지의 발작 증세는 조금씩 줄어들었다.
가족들이 매일 할아버지에게만 붙어 있을 수는 없었기 때문에 도우미 할머니 한 분을 불렀다.
도우미 할머니는 이렇게 쉬운 일자리가 또 있겠냐며

좋아했다. 하루 종일 할아버지 거시기만 잡고 있으면 월급을 받으니까 말이다.

하루는 도우미 할머니가 잠시 외출을 해야 할 일이 생겨서, 70이 훌쩍 넘은 할머니를 잠시 자신의 대리 알바로 불렀다.
외출에서 돌아오니 할아버지 왈,
"아줌마, 아줌마는 이제 안 와도 돼요. 짤렸소."
"네…?"
60대 할머니는 아무리 생각해도 납득을 할 수 없었다. 도우미 할머니는 자신보다 나이가 훨씬 많은 70대 할머니에게 밀린 것이 억울해서 무엇 때문인지 문틈으로 몰래 엿보았다.
70대 할머니는 수전증이 있었다.

공감 100배 웃음 보따리

[다재다능 거시기]

1. 고무줄도 아닌 것이 늘었다 줄었다~
2. 선탠도 안 한 것이 구릿빛으로 그을렸어.
3. 버섯도 아닌 것이 버섯 행세를 해.
4. 대나무도 아닌 것이 마디가 있어.
5. 눈도 아닌 것이 쌍꺼풀 수술을 했어.
6. 군바리도 아닌 것이 철모를 썼어.
7. 예수님도 아닌 것이 죽었다 살았다 그래.
8. 젖소도 아닌 것이 밀크도 잘 나와.
9. 체하지도 않은 것이 들어가면 막 토해.
10. 정원사도 아닌 것이 잔디에 물도 잘 줘.
11. 한의사도 아닌 것이 가죽 침도 잘 놔.
12. 양의사도 아닌 것이 호르몬 주사도 잘 놔.
13. 자존심이 얼마나 센지 죽어도 잘 서.
14. 예쁘다고 만져 주면 막 성을 내.
15. 두더지도 아닌 것이 구멍도 잘 파.
16. 방앗간도 아닌 것이 떡방아도 잘 찧어.
17. 형제간도 아닌 것이 큰놈 작은놈이 있어.
18. 보이 스카우트도 아닌 것이 아침에 텐트도 잘 쳐.

# 누구 몫

어느 날, 엄마가 다섯 살 난 어린 아들을 데리고 목욕탕에 갔다.
그런데 어린 아들의 고추가 같은 나이 또래 애들보다 너무도 작은 것이었다.
걱정이 된 엄마는 즉시 아이를 데리고 비뇨기과를 찾아갔다.
"선생님, 우리 아들이요, 고추가 너무 작은 것 같아 걱정이 돼요."
그러자 의사가 자신 있게 말했다.
"걱정 마세요. 매일 따뜻한 도넛 한 개씩을 먹이시면 될 겁니다."
두 모자는 얼른 도넛 가게로 직행했다.
"아주머니, 따뜻한 도넛 여섯 개만 주세요."
옆에 있던 아들 왈,
"엄마, 한 개면 되는데 왜 그렇게 많이 사?"
그러자 엄마가 깊게 한숨을 내쉬더니 말했다.
"나머지 다섯 개는 너희 아버지 몫이란다."

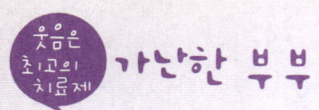

가난한 부부

방 한 칸에서 아들과 함께 생활하는 부부가 있었다.
이미 아들이 자랄 만큼 자라서, 부부는 혹시나 아들이 볼까 봐 밤일을 제대로 하지 못했다.
그래서 밤일을 할 때마다 남편은 아들이 자나 안 자나 확인하려고 성냥을 켜서 아들 얼굴 위를 비춰 보고 확인한 후 밤일을 하곤 했다.

그러던 어느 날 밤, 역시 성냥을 켜서 아들 얼굴 위로 비추는데 그만 성냥의 불똥이 아들 얼굴 위로 떨어지고 말았다.
아들이 벌떡 일어나며 말했다.
"내 언젠가는 불똥이 튈 줄 알았다니까…."

그 일이 있은 뒤로 이들 부부는 더욱 조심하였다.
어느 날 밤, 남편은 자는 아들을 툭툭 치면서 자는 걸 확인하고 부인에게 건너가려다가 어두워서 그만 아들의 발을 밟고 말았다.
남편은 부인의 발을 밟은 줄 알고 부인에게 물었다.
"여보, 안 다쳤어? 괜찮아?"

그러자 들려오는 아들의 한마디,
"내가 참으려고 했는데… 왜 제 발 밟고 엄마한테 그래요?"

그 뒤로 남편은 없는 살림에 플래시를 장만했다.
플래시를 사던 그날 모처럼 좋은 기회가 왔다. 역시 투자를 해야 된다는 깨달음을 얻었다.
이들 부부는 오랜만에 흡족할 만큼 사랑을 나누었고 자못 흥분한 남편은 부인에게 "좋지?" 하고 물었다. 흥분한 부인이 대답은 못하고 신음 소리만 내자, 좋다는 소리를 듣고 싶은 남편은 더 격렬하게 일을 치르면서 "이래도 안 좋아?" 하고 물었다.
절정에 오른 부인은 계속 신음 소리만 냈고 남편은 집이 움직일 정도로 몰아붙였다.
그러자 천장의 메주가 아들 얼굴 위로 떨어졌다.
아들이 화를 내면서 하는 말,
"엄마, 좋으면 좋다고 말 좀 해요! 아들 잡을 일 있어요?"

그 후론 밤일을 하려면 모든 걸 살펴보고 해야 했다.

아들이 곤히 잠든 날이었다. 남편이 부인 곁으로 가서 일할 자세를 취했다.
그러자 부인이 말했다.
"여보, 내일 장날이잖아요. 새벽 일찍 일어나 장터에 나가려면 피곤할 거 아니에요? 오늘은 그냥 자는 게 좋겠어요."
이때 자고 있던 아들이 한마디했다.
"괜찮아요, 엄마! 내일 비 온대요."

다음 날 정말 비가 왔다. 비가 오니까 더욱 그 생각이 간절했다.
남편은 오랜만에 낮에 하고 싶었는데 아들 녀석이 방 안에만 있는 게 아닌가.
눈치 없는 아들에게 남편이 말했다.
"너 만덕이네 가서 안 놀래?"
부인도 거들었다.
"그래, 혼자 재미없게 뭐하냐? 가서 놀다 오렴."
그러자 아들이 퉁명스럽게 말했다.
"저를 눈치 없는 놈으로 몰지 마세요. 그 집이라고 그거 생각 안 나겠어요?"

비는 그쳤고, 마지막 장날이라 부부는 읍내 장터에 갔다. 읍내에 가니 볼거리가 많았다.

그중에서 눈에 띄는 것이 극장 포스터인데 외국 배우 한 쌍이 야릇한 포즈를 취하고 있었다. 서서 하는 포즈인데 남편은 오늘 밤 집에 가서 해 보려고 유심히 쳐다보았다.

그날 밤, 남편은 포스터의 장면처럼 부인을 들어서 해 보려고 힘을 썼다. 하지만 처음 하는 자세라 균형을 잃고 넘어지고 말았다.

아버지 밑에 깔린 아들이 하는 말,

"그냥 하던 대로 하면 이런 일 없잖아요!"

드디어 이들 부부는 결혼 10주년을 맞이했다.

10주년이라고 해도 가난한 이들에겐 별 의미가 없었다. 한숨만 나올 뿐이었다.

밤이 되자 아들이 베개를 들고 일어나더니 말하는 것이었다.

"아버지! 엄마! 오늘이 결혼 10주년이지요? 오늘은 제가 장롱에서 잘 테니까 맘껏 볼일 보세요~!"

 ## 얼마나 장난을 쳤으면

남편이 일찍 퇴근해서 집에 오니 침실에서 이상한 소리가 들렸다.
방문을 열자마자 눈에 들어온 것은 아내가 벌거벗은 채로 온몸이 땀에 흠뻑 젖은 채 신음하고 있는 모습이었다.
남편은 깜짝 놀라 허겁지겁 말했다.
"여보! 무슨 일이야! 왜 그래! 정신 차려!"
"시, 심장 마비인 것 같아요."
남편이 허둥지둥 119에 전화하려고 거실의 전화기를 들었는데, 네 살짜리 아들놈이 소리쳤다.
"아빠! 그게 아니고, 옆집 아저씨가 장롱 속에 숨어 있는데 옷을 하나도 안 입고 있어!!"
남편은 전화기를 꽝 내려놓더니, 방에 들어가 아내가 비명을 지르는 것을 지나쳐 살기 어린 눈길로 장롱 문을 활짝 열었다.
거기에는 정말 옆집 이씨 아저씨가 벌거벗은 채 웅크리고 있었다.
"이 쳐 죽일 놈!"
"여보게, 정말… 미, 미안하네. 제발 용서해 주게."

그러자 남편이 씩씩거리며 말했다.
"이 몹쓸 놈아! 내 마누라는 심장 마비에 걸려서 다 죽어 가는데, 너는 내 아들하고 숨바꼭질이나 하고 있어? 그것도 얼마나 신이 나게 놀았으면 옷을 다 벗고 있어!"

 이유

어느 날 손녀가 집에 돌아오니, 할아버지가 아랫도리는 팬티만 입고 현관 앞에 앉아 있었다.
"할아버지, 추우신데 왜 팬티만 입고 계세요?"
"응, 어제 내가 담배를 피운다고 런닝구 바람으로 현관 앞에 오래 앉아 있었는데, 아랫도리가 뻣뻣해지더구나. 그걸 할머니가 보고 오늘부터 아랫도리는 팬티만 입고 있으라고 해서 말이야."

공감 100배 웃음 보따리

[기대와 실망]

기대
남편에게 음흉한 눈빛으로 빨아 달라고 했다.
실망
남편이 빨래를 했다.

이론
여자는 힘쓰는 남자를 좋아한다고 했다.
실제
이사할 때 꼭 나를 찾는다.

사랑
겨울 코트를 입어도 성적으로 흥분이 된다.
우정
옷을 벗어도 아무 생각 없다.

원인
아내에게 섹스의 테크닉을 모두 전수했다.

결과
옆집 새끼가 좋아 죽으려고 한다.

당황
일찍 퇴근해서 집에 오니 아내가 다른 놈이랑 이불 속에서 그 짓을 하고 있었다.

황당
이불을 걷어 내니 상대가 여자였다.

허무
신나게 피스톤 운동을 하고 있는데 여자가 반응이 없었다.

허탈
신나게 피스톤 운동을 하고 있는데 여자가 뭐하느냐고 물었다.

배려
아내에게 수영 배우라고 수영장 이용권을 끊어 줬다.

배신
수영 강사랑 눈이 맞아 집을 나갔다.

몽돌이네 옆집에 눈에 띄게 아름다운 여자가 이사를 왔다.
그 여자가 몽돌이네 집에 인사를 하러 왔다.
몽돌이 엄마는 반갑게 맞이하며 몽돌이에게 말했다.
"몽돌아, 환영하는 의미에서 누나에게 뽀뽀해 주렴."
"아니, 나 안 할 거야."
"왜? 부끄러워?"
그러자 몽돌이가 대답했다.
"아니…. 아빠가 어제 누나한테 뽀뽀했다가 냅다 따귀를 얻어맞는 걸 봤거든."

 일리가 있네요

젊은 여선생이 수학 문제를 내고 있었다.
"전깃줄에 참새가 다섯 마리 앉아 있는데 포수가 총을 쏴서 한 마리를 맞히면 몇 마리가 남지?"
꼬마가 대답했다.
"한 마리도 없어요! 다 도망갔으니까요."
여선생이 말했다.
"아니, 정답은 네 마리란다. 하지만 네 생각도 일리가 있구나."

꼬마가 반격했다.
"선생님, 세 여자가 아이스크림을 먹고 있는데, 한 명은 핥아 먹고, 한 명은 깨물어 먹고, 다른 한 명은 빨아 먹고 있어요. 어떤 여자가 결혼한 여자게요?"
얼굴이 빨개진 여선생이 대답했다.
"아마 빨아 먹는 여자가 아닐까?"
꼬마 왈,
"정답은 결혼반지를 낀 여자예요. 하지만 선생님의 생각도 일리가 있네요."

복수

엄마와 딸이 택시를 타고 가고 있었다.
택시가 뒷골목을 지나가는데 길거리에 매춘부들이 줄줄이 서 있었다.
딸이 물었다.
"엄마, 저 언니들은 짧은 치마 입고 저기에서 뭐하는 거야?"
"응, 친구를 기다리는 거야."
그러자 택시 기사가 촐싹거리며 말했다.
"아줌마, 창녀라고 얘기해야지 왜 거짓말해요?"
그러자 딸이 물었다.
"엄마, 창녀가 뭐야?"
엄마는 택시 기사를 째려보고 난 후에 어쩔 수 없이 딸에게 창녀가 뭔지 설명해 줬다.
"엄마, 그럼 저 언니들도 아기를 낳아?"
"아주 가끔 그럴 때도 있단다."
"그럼 그 아기들은 어떻게 돼?"
그러자 엄마가 대답했다.
"응, 그 아기들은 대부분 택시 기사가 된단다."

기차는 간다

웃음은 최고의 치료제

용구네는 좁은 단칸방에 세 식구가 올망졸망 살고 있었다.
어느 날 밤이었다.
아빠와 엄마는 솟구치는 욕망을 주체할 수가 없었다.
아빠가 용구에게 말했다.
"용구야, 우리 기차놀이 할까?"
"그래! 하자, 하자."
"그럼 아빠는 기차고, 엄마는 기찻길이고, 용구는 손님이다."
결국 기차는 출발했고, 천천히 달리던(?) 기차가 시간이 흐르면 흐를수록 점점 빨리 달리는 것이었다.
빠르게… 빠르게…!
아빠가 전속력으로 달리자 그만 용구가 아빠 등에서 떨어졌다.
용구가 아빠 등을 흔들며 소리쳤다.
"아빠, 손님 떨어졌어!"
그러자 아빠가 말했다.
"손님은 떨어져도 기차는 계속 가는 거야. 헉헉!"

 암초

어떤 부부가 대낮에 밤일을 치르고 있었다.
그런데 아들 녀석이 문을 홱 열고 들어오는 게 아닌가!
그러고는 묻는 것이었다.
"아빠, 지금 뭐해?"
아빠 왈,
"응, 배 타고 있지."
아빠의 말에 아들이 다시 물었다.
"근데 왜 안 가?"
아빠 왈,
"응, 암초에 걸려 버렸어."

식인종 아빠

식인종 아빠가 아들에게 말했다.
"오늘 먹을 식량으로 아랫마을에 가서 여자를 하나 잡아 와라."
아들은 바싹 마른 여자를 한 명 데려왔다.
"안 돼. 너무 말라서 먹을 게 없어."
아들은 다시 가서 뚱뚱한 여자를 데려왔다.
"안 돼. 지방을 너무 많이 섭취하면 몸에 안 좋아."
아들은 다시 가서 3시간 동안 헤매다가 아주 예쁘고 요염하게 생긴 여자를 데려왔다.
식인종 아빠가 깜짝 놀라 반기며 아들에게 말했다.

"아주 좋아! 이 여자는 집에 데려다 놓고, 가서 엄마를 데려와라."

웃음 보따리

[한밤중에 일어나는 이유]

미국에서 한밤중에 잠자리에서 일어나는 남자들을 대상으로, 그들이 밤에 일어나는 이유에 대하여 조사를 해 본 결과 다음과 같은 통계가 나왔다.

10% … 물을 마시러 가기 위해
15% … 소변을 보러 화장실에 가기 위해
…
…
…
75% … 자기 집으로 돌아가기 위해

성폭행 아녀?

출근 시간에 지하철 안에서 일어난 일이다.
한 청년이 내리는 사람들에 밀려 옆에 있는 할머니를 본의 아니게 살짝 밀게 되었다.
그러자 할머니가 청년을 위아래로 훑어보면서 이렇게 말하는 게 아닌가!
"이거 성폭행이지, 응?"
"아, 아니에요, 할머니."
"정말 아니여? 성폭행 맞는디."
"정말 아니에요. 뒤에서 내리는 사람들이 밀어서…."
"난 성폭행으로 알고 있는디. 정말 성폭행 아니여? 확실혀?"
"아니라니까요. 생사람 잡지 마세요, 할머니."
사람들이 모두 청년을 이상한 눈빛으로 쳐다보고, 청년은 어쩔 줄을 몰라 하고 있는데, 구세주가 나타났다. 저쪽에 있던 할아버지가 와서 하는 말,
"그려, 맞어. 성북행(城北行)이야, 이 할망구야."

손빨래

금실 좋은 부부가 있었다.
이들 부부는 가난하여 단칸방에서 살았다.
금실이 너무 좋다 보니 병아리 같은 아이들이 연년생으로 줄줄이 다섯이었다.
예나 지금이나 부부 관계를 가지려 할 때는 언제나 아이들이 걸림돌이다.
그래서 이들 부부는 나름대로 행사를 치르고 싶은 날은 암호를 정하기로 하였다. 이들 부부는 전기세와 수도세 등을 아끼느라, 빨래가 어느 정도 모아지면 빨래를 하였다. 그래서 행사날의 암호는 "여보, 내일은 우리 세탁기 돌립시다."였다.
행사날은 어김없이 "여보, 내일은 우리 세탁기 돌립시다."로 일을 치렀다.

그러던 어느 날, 남편에게 요즘 남성들에게 흔히 오는 남성 갱년기 장애로 오는 발기 부전이 생기게 되어, 치료약을 백방으로 수소문하여 발기 부전제를 처방받게 되었다. 하지만, 이 약은 여러분들도 아시다시피 복용 후 1시간 30분 가량을 기다려야 약발이 서지 않는가?

남편은 약을 복용하고 신호가 오기만을 기다렸다.
하지만, 신호가 왔을 땐 아내는 잠이 들어 있었다.
남편은 어쩔 수 없이 그날 밤, 5형제의 힘을 빌리는 수밖에는 없었다.
다음 날 아내가 미안해서 어쩔 줄 몰라 하자 남편이 웃으며 말했다.
"하하, 여보, 어제는 손빨래로 끝냈소!"

천진난만

남편과 부인의 정사 장면을 3살 어린애가 보게 되었다.
당황한 남편은 천연덕스럽게 아이에게 말했다.
"애야, 너의 동생 씨를 밭에 심는 거란다."
다음 날, 남편이 퇴근하여 집에 들어왔다.
아이가 울면서 아빠에게 말했다.
"아빠, 큰일 났어요. 옆집 아저씨가 동생 밭을 망가뜨렸어요."

엄마, 아빠 놀이

웃음은 최고의 치료제

다섯 살배기 철수가 밖에 놀러 갔다 집으로 돌아왔다. 엄마가 철수에게 물었다.
"어디 갔었니?"
"영희네 집에서 놀았어요."
"아, 그래? 둘이서 뭐하고 놀았어?"
"엄마, 아빠 놀이요."
"어떻게 하는 건데?"
"영희가 엄마 하고요, 내가 아빠 하는데요, 내가 자고 있으면 영희가 와서 막 흔들어 깨우는 거예요."
"그리고?"
"그러면 내가 '이러지 마, 여보. 너무 피곤해. 내일 해 줄게.'라고 말하면 돼요."

 # 다 알아

어느 부부가 관계를 마치고 속옷을 입기도 전에 그만 잠이 들었다.
그런데 유치원에 다니는 아들이 불쑥 이불 속으로 파고 들어오는 게 아닌가.
아들은 곧 아빠의 상태를 알아채고 아주 음흉한 목소리로 말했다.
"아빠, 팬티 안 입었지? 난 다 알아. 그거 엄마가 벗긴 거지?"
아들의 말에 아버지가 속으로 '호, 요 녀석이…!' 하면서 쳐다보자, 아들이 모든 것을 이해한다는 표정으로 말했다.
"아빠, 당황할 필요 없어. 나도 다 알고 있거든."
더욱 난처해 말을 잇지 못하고 있는 아빠에게 아들이 속삭였다.
"아빠도 오줌 쌌지? 그래서 엄마가 벗긴 거지?"

휴, 살았다

우리 집에는 10살 된 아들이 있다.
이 아이가 5살 때 일어난 이야기다.
이 정도의 나이면 보호자에 따라 아무 탕(남탕이나 여탕)이나 갈 수 있다.

어느 날, 우리 식구가 목욕하러 가는데, 애 엄마가 여탕으로 데리고 간다고 주장했다.
그런데 우리 아이는 아빠를 따라간다고 우겨서 결국 남탕으로 가게 되었다.
아이가 탕 속을 왔다 갔다 하다가, 비누를 발로 밟고 쭉 미끄러지면서 나의 거시기를 잡았다.
그래서 다행히도 넘어지지 않았다.
아이가 하는 말,
"아이고! 엄마 따라갔으면 넘어져서 죽을 뻔했네. 휴, 살았다."

웃·으·면·젊·어·져·요

한 번 웃으면 한 살 젊어진대

콩가루 부부

서로 소 닭 보듯 하는 콩가루 부부가 있었다.
둘이 차를 타고 가는데 남편의 남대문이 열려 있었다.
아내가 말했다.
"여보, 차고 문이 열렸어요."
남편이 말했다.
"어휴~, 그랜저 튀어나올 뻔했네."
그러자 아내가 말했다.
"그랜저면 뭐해요? 터널만 들어가면 시동이 저절로 꺼지는데……."
그러자 남편이 씩 웃으며 대답했다.
"1호 터널만 그래. 2호 터널에서는 쌩쌩 잘 달려."
그 말을 들은 아내가 이상하게 화도 내지 않고 미소를 짓는 것이었다.
남편이 물었다.
"화 안 내?"
아내가 빙긋이 웃으며 대답했다.
"그럴 줄 알고 뉴그랜저 한 대 뽑아 놨거든요."

# 그것이 원인

한 부부가 빨간 머리카락을 가진 아이를 낳았다.
아무리 생각해도 원인을 알 수 없어 의사를 찾아갔다.
"부인과의 섹스 횟수는 어느 정도입니까?"
"일 년에 5~6회입니다."
"일 년에 5~6회라고요?"
의사가 화들짝 놀라며 말했다.
"원인은 바로 그것이로군요."
"네?"
고개를 갸우뚱하는 부부에게 의사가 말했다.
"그것이 녹슬었기 때문입니다."

 마누라처럼

영구가 하루 일과를 마치고 집으로 가는데, 거리의 여성이 다가와서 유혹했다.
"아저씨, 놀다 가세요~"
그러자 영구가 무뚝뚝하게 대꾸했다.
"난 지금 집에 가는 중이야!"
그래도 거리의 여자는 단념하지 않고 끈질기게 영구를 따라붙었다.
"제가 끝내주게 해 줄게요~!"
영구는 걸음을 멈추고 여자를 바라보며 말했다.
"끝내준다고? 그래도 우리 마누라처럼은 못할걸?"
"어머, 사모님은 테크닉이 굉장하신가 보죠?"
거리의 여자는 실망하지 않고 짝 달라붙었다.
"사모님은 어떻게 해 주시는데요? 저도 그렇게 해 드릴게요! 네?"
그러자 영구가 대답했다.
"응, 우리 마누라는 늘 공짜거든!"

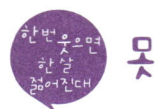# 못 오는 이유

두 중년 부인이 볼링을 치고 있었다.
한 부인은 연방 스트라이크를 올리면서 다른 사람들의 부러움을 사고 있었다.
같이 온 친구가 물었다.
"얘, 넌 그렇게 잘하는 비결이 뭐니?"
그러자 부인이 대답하였다.
"응, 별거 아냐. 그냥 손을 바꿔서 치는 거지."
친구는 귀가 번쩍 뜨였다.
"무슨 소리야, 손을 바꾸다니?"
부인이 목소리를 낮추더니,
"아침에 일어날 때 우리 남편 아랫도리를 슬쩍 보는 거야. 그래서 그게 오른쪽으로 누워 있으면 그날은 오른손으로 게임을 하고, 왼쪽으로 비스듬히 누워 있는 날은 왼손으로 게임을 하지. 그럼 영락없이 이겨~."
친구는 침을 꿀꺽 삼키며 물었다.
"어머나, 희한하네! 그런데 만약 꼿꼿이 서 있는 날은 어떻게 하니?"
그러자 부인이 대답했다.
"응~, 그런 날은 여기 못 와!"

너무 분해서

여기는 천국.
교통사고로 죽은 세 사내가 있었다.
염라대왕_ 너희들은 모두 자동차 사고로 이곳에 왔으니 여기서도 영원히 차만 몰고 지내야 한다. 그러나 차종은 과거 행적에 따라 다르니라.

염라대왕이 먼저 사내 1에게 말했다.
"흐흠, 넌 생전에 아내를 열 번도 넘게 속였구나! 넌 낡아 빠진 티코를 타거라!"

사내 2도 안절부절못하고 서성거렸다.
"호, 너도 아내 외의 여자와 서너 차례 으응~이 있었구먼. 넌 후라이드를 타거라!"

염라대왕은 사내 3에게는 흐뭇한 웃음을 지어 보였다.
"오! 그대는 결혼 생활 중에 전혀 외도가 없었음은 물론, 전에도 숫총각을 유지한 범생이였구나! 자, 그래저를 타거라!"

세 사내는 각자 배당받은 차를 타고 천국 주위를 빙빙 돌았다.
그런데 그래저를 몰고 나간 사내가 차를 세워 두고 울고 있지 않은가!

다른 사내들이 물었다.
"왜 그래요? 복에 겨워 우는 거요?"
그러자 사내 3이 닭똥 같은 눈물을 떨어뜨리며 말하는 것이었다.
"난 아내와 함께 차 사고로 죽었어요. 그런데 여자들이 모여 있는 곳에 가 봤더니 내 아내가 고물 자전거를 몰고 지나가는 게 아니에요? 흑흑~! 이럴 줄은 몰랐어. 어이구, 분해. 어엉~!"

공감 100배 웃음 보따리

[아내와 애인]

아내와 외식을 가면 삼겹살에 소주를 먹자고 하는데,
애인과 외식을 가면 스테이크에 와인을 마시자고 하더라.
똑같은 여인인데, 아내 입은 서민의 입이고
애인 입은 부자의 입이더라.

아내와 쇼핑을 같이 가면
재래시장에 가서 청바지에 티셔츠를 사 달라고 하지만
애인과 쇼핑을 같이 가면
백화점에 가서 원피스를 고르더라.
똑같은 여인인데, 아내는 서민의 옷걸이이고
애인은 재벌의 옷걸이이더라.

아내와 여행을 가면
버스를 타고 민박집에서 자도 행복해하는데
애인과 여행을 가면
택시를 타고 모텔에서 자도 투정을 부리더라.
똑같은 여인인데, 아내는 길거리의 여자이고
애인은 대갓집 마님이더라.

하루 일과를 마치고 만나면
아내의 첫인사는 피곤하지 않으냐고 묻지만
애인의 첫인사는 돈 많이 벌어 왔느냐고 묻더라.
똑같은 여인인데, 아내의 사랑은 뼛속까지 스미지만
애인의 사랑은 수박 겉 핥기 사랑이더라.

아내는 잠자리에 손목만 주고
옆에 있는 것으로도 행복해하지만
애인은 잠자리에 팔베개를 해 줘도 껴안아 주지 않는다고,
마음이 변했느냐고 투정을 부리더라.
똑같은 여인인데,
아내는 사랑을 조금만 받아도 행복해하지만
애인은 사랑을 듬뿍 주어도 모자란다며 갈증을 느끼더라.

아내는 내 몸이 아프면 병원 갈 채비를 서두르지만
애인은 내 몸이 아프면 짐을 챙겨 이별을 준비하더라.
똑같은 여인인데, 아내는 병원비를 준비하지만
애인은 보따리 싸기에 여념이 없더라.

 김장독

거실에서 모처럼 집안일을 하다가 남편이 부인 엉덩이를 보더니 놀리기 시작했다.
"어이구~, 이런! 갈수록 펑퍼짐해지누만. 저기 베란다 제일 큰 김장독하고 크기가 거의 비슷하네, 쯧쯧!"
부인은 못 들은 척하고 자기 일을 했다.

남편은 재미를 붙였는지 이번에는 줄자를 가져오는 게 아닌가.
부인의 엉덩이를 재어 보고는 장독대로 달려가더니 소리치는 것이었다.
"아이고, 사실이네! 당신이 이겼네. 당신이 더 크네. 이런, 이런!"

그러나 문제는 그날 밤이었다.
남편은 침대에서 평상시대로 아내에게 다리를 걸치며 집적거리기 시작했다.
그랬더니 부인이 옆으로 휙 돌아누우며 하는 말,
"시들어 빠진 쪼그만 총각김치 하나 담자고 김장독을 열 수는 없지. 흥!!"

더 잘못한 사람

결혼한 지 20년 된 부부가 있었다.
그들이 사랑을 나눌 때마다 남편은 항상 불을 끄라고 했다.
그러던 어느 날, 부인은 지금까지의 남편의 습관을 깨뜨리겠다고 다짐했다.
남편과 격렬한 사랑을 나누던 어느 날 밤, 부인이 갑자기 불을 켰다.
그때 그녀가 발견한 것은 바이브레이터.
경악을 금치 못하며 부인이 소리쳤다.
"여보, 당신 발기 불능?!! 어떻게 수십 년간 그걸 숨길 수 있었죠?"
그러자 남편이 대답했다.
"알았어. 내가 도구에 대해 설명할 테니 당신은 우리의 아이에 대해 설명해 봐!"

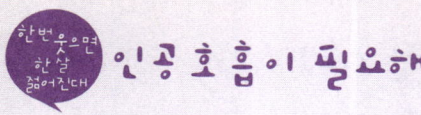 인공호흡이 필요해

어느 50대 중반 부부가 부부 동반 모임에 나갔다. 여느 때와는 달리 남편은 술을 거나하게 마셨고 기분 좋게 집에 왔다.

남편이 먼저 샤워를 하고, 부인이 샤워를 하고 나와 보니 남편은 벌써 코를 골며 깊은 잠에 빠져 있었다.
한심한 기분으로 남편을 위아래로 훑어보니 남편의 거시기가 죽어 있었다.
기가 막힌 부인은 남편의 거시기가 죽었으니 염을 하기 위해 붕대로 돌돌 말아 두었다.
새벽쯤에 남편이 화장실에 가기 위해 일어나, 부인을 깨워 어제 무슨 일 있었냐며 다그쳤다.
남편_ 왜 내 거시기에 붕대가 감겨 있는 거요?
부인_ 거시기가 죽었으니 염을 했지요.

부인의 설명을 들은 남편 왈,
"거참, 인공호흡을 했어야지…."

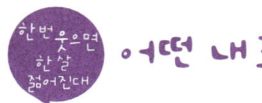 어떤 내조

남편은 골프광이었다.
사랑을 나누고 골프를 치러 가면 힘이 달리기 때문에 남편은 골프 약속이 있으면 그 전날은 아내가 아무리 유혹해도 응하지 않았다.
'사랑을 나누고 가면 영락없이 골프가 엉망이 되고 돈을 잃게 된단 말이야.'

하루는 아내가 너무 끈질기게 요구하자 남편이 돈을 내라고 했다.
"지난번엔 당신과 잠자리를 하지 않고 갔기 때문에 철수 아빠한테 10만 원을 땄단 말야. 그런데 사랑을 하고 가면 꼭 돈을 잃게 되니 미리 10만 원을 줘."
그러자 아내가 대답했다.
"지난주에 당신 실력으로 딴 줄 알지만 내 도움이 없었으면 어림도 없었어. 내가 철수 아빠 다리에 힘이 빠지도록 했거든."

 이런 경우

결혼 5년차인 용달이는 아내 놀자가 바람을 피운다고 의심했다.
용달이는 증거를 잡기 위해 아내에게 출장을 간다고 말하고 집을 나섰다.
밤늦게 택시를 타고 집으로 온 용달이가 택시 기사에게 말했다.
"제 아내의 부정을 증명하는 증인이 돼 주세요."
흔쾌히 허락한 택시 기사와 함께 용달이는 조용히 침실로 들어갔다.
침대 이불을 들춘 용달이는 한숨을 쉬었다.
한 남자가 아내 놀자 옆에 누워 있었다.
화가 난 용달이가 옆에 있던 골프채를 집어 들었다.
그러자 놀자가 용달이를 말리며 말했다.
"잠깐! 여보, 이 사람은 좋은 분이에요. 당신이 산 자동차값도 내줬고, 밀린 집세도 이 사람이 냈어요."
용달이는 옆에 서 있던 택시 기사에게 물었다.
"아저씨, 이런 경우에는 어떻게 해야 합니까?"
택시 기사가 대답했다.
"저분 감기 들기 전에 빨리 이불이나 덮으슈."

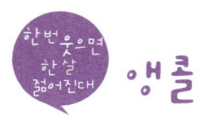 앵콜

미군 부대 가까이에 사는 과부가 있었다.
어느 날 젊은 흑인을 만나 오랫동안 지켜 온 정절을 잃고 말았다.
오랜만에 남자와 잠자리를 같이한 그녀는 눈이 뒤집힐 정도였다.
한바탕 살을 불태우고 나니 더욱더 하고 싶은 생각이 간절했다. 하지만 그녀는 영어를 잘 몰랐다.
그 과부 고민고민하다 생각해 낸 영어 한마디.
"앵콜! 앵콜!"

공감 100배 웃음 보따리

[사나이 풀이]

사(四)나이
모유 먹으며 네 발로 기어 다닐 때.

사(思)나이
사춘기, 여자 생각에 잠 못 이룰 때.

사(事)나이
낮일 밤일 가리지 않고 일할 때.

사(死)나이
새벽에도 죽어 있다고 마누라한테
죽도록 바가지 긁힐 때.

 ## 가축 전시장

부부가 가축 전시장에 갔다.
첫 황소의 안내문에는 '지난해 교미 50번'이라고 씌어 있었다.
아내는 남편을 보고 야단치듯 말했다.
"일 년에 50번을 했대요. 당신도 배워욧."

다음 황소는 '지난해 65회 교미'로 적혀 있었다.
"한 달에 다섯 번도 더 되네요. 당신도 배워욧."
아내의 눈꼬리가 위로 치켜 올라갔다.

세상에! 마지막 황소에는 '지난해 365번 교미'라고 적혀 있었다.
아내는 입이 딱 벌어지며 감탄사가 절로 나왔다.
"어머, 하루 한 번이네요. 당신 정말 배워야 해욧."
그러자 남편이 아내를 보고 이렇게 말했다.
"알았어. 근데 365일을 똑같은 암소랑 하는지 가서 물어보구려."

 성추행죄

한 부부가 호수가 있는 휴양지로 휴가를 갔다.
남편이 새벽 낚시를 나갔다 들어와서 낮잠을 자는 동안, 부인이 혼자 보트를 타고 호수 가운데까지 나가서 호수 바람을 즐기며 책을 읽고 있었다.
경찰 보트가 순찰을 하다가 부인이 탄 보트에 다가와 물었다.
"부인, 여기서 무엇을 하고 계십니까?"
"책을 읽고 있는데요. 뭐 잘못된 것이라도 있나요?"
"이곳은 낚시 금지 구역이라 벌금을 내셔야겠습니다."
"아니, 여보세요, 낚시를 하지도 않았는데 벌금은 왜 낸단 말이에요?"
"현장에서 낚시를 하고 있지는 않더라도, 배에 낚시 도구를 완전히 갖추고 금지 구역 내에 정박하고 있는 것은 벌금 사유에 해당됩니다."
"그래요? 그럼 난 당신을 성추행죄로 고발하겠어요."
"아니, 부인에게 손도 댄 적이 없는데 추행죄라뇨?"
그러자 아내가 하는 말,
"당신도 지금 필요한 물건을 다 갖추고 내 가까이 있 잖아요?"

 긁어 부스럼

사오정이 늦게 퇴근해 돌아오다가 전철 안에서 꾸벅꾸벅 졸았다.
그런데 때마침 옆자리의 여자도 졸다가 그만 사오정의 와이셔츠에 립스틱으로 입술 자국을 만들고 말았다.
사오정이 아내에게 자초지종을 말했으나 아내는 도무지 믿지 않고 화만 냈다.
그런데 얼마 후에 다시 전철 안에서 그 여자를 만났다. 사오정은 잘됐다 싶어서 그 여자에게 자기 집 전화번호를 가르쳐 주고, 마누라에게 사실대로 말해 달라고 부탁했다.
그 여자는 사오정의 집에 전화를 걸어 이렇게 말했다.
"그쪽 남편에게 그런 일이 있었던 것은 제가 잠들어 있었기 때문이에요. 댁의 남편이 제 곁에서 잠들어 있는 것을 몰랐기 때문에 그런 불상사가 일어났지 뭐예요."

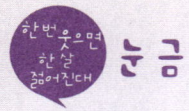 눈금

바람둥이 부인을 둔 사나이가 있었다.
이 남자의 일과는 종일 부인을 감시하는 것이었다.
그날도 다른 날과 다름없이 부인을 감시하던 중에 집으로 전화를 했으나 부인이 전화를 받지 않았다.
심증을 굳힌 남편은 득달같이 집으로 달려갔다.
그리고 침실 문을 여는 순간, 그 현장을(?) 목격할 수 있었다.
격분한 남편을 보고 놀란 부인이 말했다.
"여보! 저는 지금 몸이 너무 안 좋아서 진찰을 받는 중이에요. 이분은 의사 선생님이시고요."
의사라는 그 남자도 남편에게 변명을 해 댔다.
"아, 맞아요! 저는 지금 부인을 정확히 진찰하기 위해 체온을 재고 있습니다."
이 남편이 무어라고 했을까?
"꺼내서 눈금 없으면 너, 죽~어!"

 하필 그 애만

다섯 명의 아들을 둔 남자가 있었다.
그는 다른 아이들과 성격과 외모가 모두 다른 막내아들을 유난히 구박했다.
남자는 속으로 생각했다.
'막내는 내 자식이 아니라 마누라가 바람 피워서 얻은 자식이 분명해!'
시간이 흘러 죽음을 앞둔 그가 아내와 막내를 용서해 주리라 생각하고 조용히 물었다.
"여보, 내가 죽을 때가 되니 20년 동안 막내를 구박한 것이 마음에 걸려. 모든 것을 용서해 줄 테니 저놈의 아비가 누구인지 말해 줘."
그러자 아내가 체념한 듯이 말했다.
"사실은 그 애만 당신 자식이에요."

웃음 보따리

[년 시리즈]

미운 년
줄 듯 줄 듯 하면서 잘 안 주는 년

더 미운 년
한 번 주고 나서 평생 안 주는 년

나쁜 년
나한테만 준 줄 알았더니 다른 놈들에게도 다 준 년

더 나쁜 년
나한테만 안 주고 다른 놈들에겐 다 준 년

얄미운 년
호텔방까지 들어와 놓고도 안 준 년

더 얄미운 년
팬티까지 벗어 놓고 안 준 년

아주 얄미운 년
저도 안 주면서 친구보고 주지 말라 그러는 년

이쁜 년
저도 주면서 친구까지 데려와서 한 번 주라고 하는 년

미친 년
이놈 저놈 다 주는 년

복 터진 년
이놈 저놈 줄 서서 해 주는 년

처량한 년
남자가 벗겨 놓고도 안 먹는 년

불쌍한 년
평생 남자가 한 번도 달라 그런 일이 없는 년

아주 이쁜 년
대낮에 호텔방에 가서 쉬었다 가자 그러는 년

황당한 년
주지도 않아 놓고 줬다고 떠벌리고 다니는 년

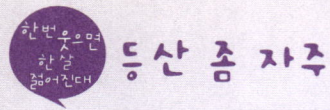 등산 좀 자주

흥부 부부가 산에 나무를 하러 갔는데 그만 실수로 부인이 연못에 빠졌다.
흥부가 울고 있는데 산신령이 젊고 예쁜 여인을 데리고 나오며 물었다.
산신령_ 이 여인이 네 마누라냐?
흥부_ 아닙니다.

산신령이 여인을 놓고 다시 연못 속으로 들어가더니, 이번엔 탤런트를 닮은 젊고 예쁜 여인을 데리고 나와서 물었다.
산신령_ 그럼 이 여인이 네 마누라냐?
흥부_ 아닙니다.

산신령은 다시 물속으로 들어가더니, 이번엔 정말 쪼끄맣고 못생긴 흥부 마누라를 데리고 나왔다.
흥부_ 감사합니다, 산신령님! 바로 이 여인이 제 마누라입니다.
흥부가 마누라를 데리고 돌아가려고 하는데, 산신령이 말했다.

산신령_ 여봐라! 흥부야, 이 두 여인도 모두 데리고 가서 함께 살도록 하여라.
흥부_ 아닙니다. 저는 마누라 하나면 족합니다.
흥부는 마누라와 함께 집으로 내려왔다.

집에 와서 흥부가 산에서 있었던 이야기를 하니, 놀부가 갑자기 마누라에게 등산을 가자고 꼬드겼다.
놀부는 연못가에 이르자 아내를 불렀다.
"여보, 이리 와 봐. 물이 참 좋다."
놀부 마누라가 연못가에 다다르자, 놀부는 슬그머니 마누라를 연못에 밀어 넣고는 산신령이 예쁜 여자를 데리고 나오기를 기다렸다.
하지만 아무리 기다려도 소식이 없었다.

한참 후에 웬 건장한 사내가 물속에서 허리띠를 매면서 나오며 말했다.
"어허! 오랜만에 회포를 풀었네. 기분 좋다."
뒤이어 놀부 마누라가 물속에서 치마끈을 매면서 나오며 말했다.
"여봉, 우리 앞으로 등산 좀 자주 다녀용~"

흥, 역시!

결혼기념일을 맞이한 남편이 서울에 있는 한 호텔의 커피숍에서 아내를 기다리고 있었다.
약속 시간보다 너무 빨리 와서 어정쩡했다.
남편은 이리저리 둘러보다 마침 앞 좌석에 앉은 다리가 미끈하고 아주 매력적인 여성을 보게 되었다.
그러지 않으려고 해도 자꾸만 그녀에게 눈길이 쏠렸다.

잠시 후 그녀도 남자의 눈길을 의식했는지 입가에 미소를 띠고 은근하게 그를 응시하는 것이었다.
한동안 그렇게 흘끔거리고 있는데, 그녀가 자리에서 일어나 남자에게 다가와서 "30만 원만 내세요." 했다.
그녀는 호텔 손님을 상대로 하는 콜걸이었던 것이다.
남편은 곧 아내가 올 예정이었기 때문에 시간도 별로 없는데 쇼트타임 가격으로는 좀 비싸다 싶어서 조정 가격을 제시했다.
"10만 원 어때?"
그녀는 어림없는 소리 두 번 다시 하지 말라는 표정을 지으며 가 버렸다.
그녀가 가고 나서 바로 아내가 도착했다.

아내와 호텔 식당에 가려고 엘리베이터 앞에 서 있는데, 공교롭게도 문이 열리면서 아까의 그녀가 내리는 것이 아닌가.
그녀는 남편의 팔짱을 끼고 있는 아내를 보더니 남편에게 한마디 던졌다.
"흥! 역시 10만 원짜리를 골랐군."

 ## 슬픈 마인드 컨트롤

남자가 최근에 엄청난 스트레스로 잠자리가 어려워 고민이 많았다.
남자는 부인과의 잠자리에 들어가면서 마인드 컨트롤을 하기 위해 중얼거렸다.
"하면 된다! 하면 된다! 하면 된다!"
자신에게 세뇌를 하면서 자신감을 가지고 대시하려는 순간, 부인도 중얼거리는 소리가 들렸다.
"되면 한다! 되면 한다! 되면 한다!"

공감 100배 웃음 보따리

[팬티에 적힌 글씨]

옛날 팬티에 적힌 글귀
- 건드리면 다쳐
- 밤에 피는 장미
- 관계자 외 출입 금지
- 오늘은 그만
- 컴온베이비
- 초대합니다.

요즘 팬티에 적힌 글귀
- 당신의 능력을 보여 주세요.

 ## 실수로 그만

오정이가 아내의 생일 케이크를 사려고 동네 제과점에 갔다.
제일 크고 화려한 케이크를 고른 오정이가 주인에게 말했다.
"케이크에 문구를 좀 넣어 주세요. '당신은 늙지도 않는구려. 더 건강해지는 것 같소.'라고요. 아, 한 줄로 쓰지 말아 주세요. 위에다 '당신은 늙지도 않는구려.' 밑에는 '더 건강해지는 것 같소.' 이렇게 써 주세요."

잠시 후 파티가 시작되었고 드디어 케이크에 불을 붙일 시간이 되었다.
흥분한 오정이의 아내가 상자를 풀자 케이크 맨 위에 이런 문구가 적혀 있었다.

'당신은 늙지도 않는구려. 밑에는 더 건강해지는 것 같소.'

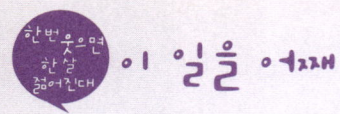

아내가 바람을 피우지나 않나 하는 의혹에 사로잡힌 남편이 있었다.
어느 날 직장에서 집에 전화를 걸었다.
아내가 아닌 다른 여자가 집 전화를 받더니 말하는 것이었다.
"저는 파출부인데요, 누굴 바꿔 드릴까요?"
"주인아줌마 좀 바꿔 주세요."
"주인아줌마는 남편하고 침실로 가셨어요. 남편과 한숨 잔다고 침실에는 들어오지 말라고 했는데 잠시만 기다려 보세요."
남편은 파출부의 말에 피가 머리 꼭대기까지 솟구쳤다. 그동안 자기가 했던 의심이 현실로 바뀌는 무서운 순간이 아닌가.
"잠시만요…! 지금 남편이라고 했나요?"
"네, 지금 퇴근하셨다고 하던데……."
가쁜 숨을 몰아쉬며 잠시 생각하던 남편은 마음을 가다듬고 말했다.
"아주머니, 제가 진짜 남편입니다. 그동안 이상하다 했는데…. 간통 현장을 잡아야겠으니까 제발 좀 도와

주세요. 사례는 넉넉히 하겠습니다."
하지만 파출부는 단호히 거절했다.
"아니, 저는 이런 일에 말려들기 싫어요."
"200만 원 드릴 테니 좀 도와주세요. 한창 바쁠 때(?) 몽둥이로 뒤통수를 사정없이 내리쳐 기절시키세요. 만약에 마누라가 발악하면 마누라도 때려눠세요. 뒷일은 내가 책임지겠습니다. 성공만 하면 200만 원, 아니 500만 원 드리겠습니다."
파출부는 잠시 후 남편에게 전화를 걸었다.
"시키는 대로 했습니다. 둘 다 기절했는데 어떻게 하지요?"
"잘했습니다. 내가 갈 때까지 두 사람을 묶어 두세요. 거실 오른쪽 구석에 다용도실이 보이시죠? 그 안에 노끈이 있으니 그걸로 묶으세요."
파출부는 주위를 한참 둘러보더니 남편에게 말했다.
"다용도실이 없는데요?"

남편_ 거기 2346-6789 아닌가요?

 한 수 위

아내가 남편에게 말했다.
아내_ 어제 누가 나한테 옷을 벗으라지 뭐예요!
남편_ 뭐야! 어떤 놈이!
아내_ 의사가요.

아내_ 그리고 내가 아프다는데도 더 벌리라고 하는 놈도 있었어요.
남편_ 아니, 어떤 놈이?
아내_ 치과 의사요!

아내_ 그리고 오늘 당신이 없을 때 한 남자가 나한테, 앞으로 넣는 게 좋은지 뒤로 넣는 게 좋은지 물었어요.
남편_ 어떤 미친놈이야!
아내_ 우유 배달부가요.

아내_ 그리고 오늘 낮엔 한 멋진 총각이 짧게 해 드릴까요, 길게 해 드릴까요 묻더라구요.
남편_ 이번엔 누구야?
아내_ 미용사가요.

아내_ 나한테 너무 빨리 빼 버리면 재미없을 거라는 중년 신사도 있었어요.
남편_ 누가?
아내_ 은행 적금계 직원이요.

아내_ 또 방금 전에 내 테크닉이 끝내준다는 말을 들었어요.
남편_ 어휴! 그만해라, 이 싱거운 여편네야!
아내(속으로)_ 호호…, 옆집 남자가 그랬는데…….

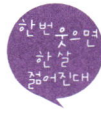 좋은 자리

오랜만에 모녀가 영화관에 갔다.
한창 영화에 빠져 있는데 딸이 엄마의 귀에 대고 소곤거렸다.
"엄마, 아까부터 옆에 있는 남자가 자꾸 내 허벅지를 만져."
엄마가 딸에게 속삭였다.
"그-래? 그럼 나랑 자리 바꾸자!"

 비 올 때만

가랑비가 솔솔 내리는 날, 한 여자가 애인을 집으로 불러들여 뜨거운 시간을 갖고 있었다.
그런데 위기의 순간이 찾아왔다.
밖에서 남편이 들어오는 소리가 들리는 것이 아닌가.
깜짝 놀란 여자가 급한 목소리로 애인에게 소리쳤다.
"큰일 났어요. 빨리 저 창으로 나가세요! 남편이에요."
"뭐? 비가 오는데 어떻게……."
"그럼 죽고 싶어요? 남편이 우릴 보면 둘 다 죽여 버릴 거예요!"
"허참, 이거!"
남자는 어쩔 수 없이 허겁지겁 옷가지를 주워 들고 창밖으로 뛰어내렸다.

마침 밖에서는 시민 마라톤 대회가 열리고 있었다.
엉겁결에 남자는 대열에 끼여 함께 달리기 시작했다.
그러자 옆에서 뛰고 있던 노인이 남자에게 묻는 것이었다.
"젊은이는 항상 그렇게 다 벗고 뛰오?"
"예, 저는 벗고 뛰는 게 좋습니다."

"옷가지들을 들고?"
"예, 그래야 다 뛰고 난 다음에 옷을 입죠. 하하."
조금 뜸을 들인 노인이 다시 물었다.
"그럼 그 콘돔도 항상 끼고 뛰오?"
당황한 남자가 자기 아래를 내려다보며 대답했다.
"아! 예…. 이건 비 올 때만……."

 안 쓰는 물건

퇴근한 남편이 안방 문을 열어 보니, 아내가 거지와 한 몸이 되어 있는 게 아닌가.
열받은 남편이 고래고래 소리를 질러 댔다.
"이 무슨 짓이야? 엉?"
그러자 아내가 말했다.
"이 사람이 와서 그러잖아요. 안 쓰는 물건 있음 좀 달라고~."

공감 100배 웃음 보따리

[어떤 매물]

메이커 장모님
모델명 퍼져 2.0
상품가격 39,800원

2001년 10월 목X 예식장에서 구입한 마누라를 팝니다.
구청에 정품 등록은 이미 했습니다.
2001년 당시에는 신기해서 많이 사용했지만 그 이후로는 처박아 두었기 때문에 사용 횟수는 얼마 되지 않습니다.

상태를 설명하자면

32인치 급 허리가 채용되어 있습니다.
보통 2년차 주부가 28인치 급을 채용한 것에 반해, 4인치 이상 차이가 납니다.
반면 가슴은 30인치 급을 채용했기 때문에 만족감은 매우 떨어집니다.
음식물 소비는 동급의 두 배입니다.

그립감

전체적인 질감은 별로입니다.
무게 중심도 엉덩이 쪽으로 치우쳐져 있습니다.

얼굴 밝기

전체적인 얼굴 밝기는 어두운 편입니다.
특히 월말에 카드값을 풀로 땡겼을 경우나 어두운 밤에 자주 사용을 안 하면 동급에 비해 밝기가 많이 떨어집니다.

외형 및 디자인

구입 당시는 콤팩트였지만 지금은 액세서리와 옵션을 장착하여 매우 비대합니다. 특히 복부에 장착된 살은 영구히 제거가 불가능합니다. 참고하세요.

무게

안정감은 있지만 외출시에는 사용을 권장하지 않습니다.

전원

밤 12시에서 6시 사이에 켜집니다.
  밥 차릴 시간이 되면 꺼집니다.
    특히 출근 시간에는 사용이 불가능합니다.

스피커
동급 최고 출력의 스피커를 내장하고 있습니다. 다만 어디가 고장이 났는지 컨트롤이 불가능하고 아무 때나 흘러나옵니다. 고쳐 쓰시기 바랍니다.

특징
추적 기능_ 비상금을 찾아내는 기능입니다.
음성 녹음 기능_ 옛날에 실수했던 말을 기가 막히게 잘 재생합니다.
메모리 포맷 기능_ 자신의 실수는 바로 잊어버립니다.
연사 기능_ 1초에 수백 마디를 쏟아 냅니다.

아끼던 물건인데 유지비가 많이 드는 관계로 내놓습니다.
마누라를 구입하시면 추가 카드를 끼워 드립니다.
액세서리로 구두 10여 켤레, 추가 옷 여러 벌 등 찾는 대로 끼워 드리겠습니다.

사용 설명서는 없습니다. 읽어 봐도 도움이 안 됩니다.
A/S 안 되고 반품 절대 안 됩니다.
소박하고 콤팩트한 마누라와 교환할 경우 추가금 드립니다.

 # 그럼 누구랑

한 여행사에서 항공기를 자주 이용하는 비지니스맨들을 위해 파격적으로 요금 할인을 실시했다.
부인과 함께 항공기를 탑승할 경우 부인의 요금을 절반으로 할인해 주는 것이었다.
많은 사람들이 이 요금 할인제를 이용했고, 몇 달 후에 여행사에서는 서비스 차원에서 각 가정으로 편지를 보냈다.

'남편과의 즐거운 여행이 되셨길 바랍니다.
앞으로도 자주 저희 여행사를 이용해 주십시오.'

그리고 며칠이 지나서 여행사는 부인들로부터 온 답장으로 가득 차게 되었다.
'무슨 여행요?'

 아무리 그래도

거물급 정치인 부부가 유명한 프로 골퍼를 초청하여 레슨을 받고 있었다.
먼저 남편이 스윙을 하고 있었다.
하지만 너무 힘이 들어가서인지 땅바닥만 때렸다.
보다 못한 프로 골퍼가 말했다.
"의원님, 스윙을 하시기 전에 아내의 가슴을 애무하듯이 부드럽게 클럽을 잡아 보세요."
남편은 프로 골퍼가 시키는 대로 했고, 그는 단번에 300야드가 넘는 호쾌한 장타를 날렸다.

이번에는 아내의 차례였다.
그녀 역시 스윙에 문제가 많았다.
다시 프로 골퍼가 말했다.
"사모님, 남편의 물건을 잡듯이 부드럽게 클럽을 잡아 보세요."
아내의 얼굴이 빨개지며 머뭇거렸다.
"아…, 괜찮아요. 그냥 평소에 하시던 대로만 하시면 됩니다."
잠시 후, 그녀는 프로 골퍼가 시키는 대로 했다.

하지만 그녀의 샷은 겨우 1미터를 넘기지 못하였다.
그 모습을 지켜보던 프로 골퍼가 중얼거렸다.
"우-씨, 띠발! 아무리 그래도 골프채를 입으로 물고 치냐!"

 멍청한 남편

어떤 남자가 출근한 뒤에야 가방을 빠뜨리고 온 것을 알았다.
그래서 상사인 과장이 외출한 것을 보고 슬쩍 회사를 빠져나와 집에 가방을 가지러 갔다.
그런데 집에 들어가려고 하자 문틈으로 과장과 아내가 함께 있는 것이 보였다.
남자는 화들짝 놀라 뛰쳐나와 회사로 돌아왔다.
"어, 가방 가지러 간 것 아니었어?"
동료가 묻자 남자가 고개를 저으며 말했다.
"그럴 틈이 없었어. 하마터면 과장에게 들킬 뻔했어."

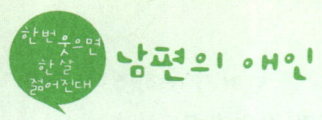

남편의 애인

한 남자와 그 부인이 고급 레스토랑에서 점심을 먹고 있었다.
그런데 갑자기 매력적인 한 젊은 여자가 다가와 남편에게 진한 키스를 하더니, "나중에 봐요." 하고 밖으로 나갔다.
부인이 남편을 노려보면서 물었다.
"저 여자 누구예요?"
"응, 내 애인이야."
부인은 화가 나서 길길이 날뛰며 소리쳤다.
"뭐라고요? 좋아요, 당장 이혼해요!"
"알았어. 그러나 생각해 봐. 나와 이혼한다면 프랑스 파리에서의 쇼핑과 한겨울 카리브 해의 따뜻한 태양도 못 볼 것이며 차고에 벤츠 자동차도 없고, 매주 가는 골프 여행도 없을 거야. 자, 결정은 당신이 해."
부인은 결정을 내리지 못하고 망설였다. 그때 남편의 직장 동료가 기가 막히게 아름다운 여인과 함께 들어오는 것이 보였다.
부인이 물었다.
"저 여자는 누구예요?"

"응, 저 친구의 애인이지."
그러자 부인이 남편의 팔짱을 끼더니 웃으며 말했다.
"흥, 우리 애인이 훨씬 예쁜데요!"

 ## 배달 청년

의처증이 심한 남편이 해외 출장을 갔다 돌아오면서 아파트 현관 입구 경비에게 물었다.
"내가 출장 간 사이 누구 찾아온 사람 없었습니까? 특히 남자 같은…."
경비는 시큰둥한 얼굴로 대답했다.
"없는데요. 자장면 배달 청년만 이틀 전에 한 번 왔었어요."
남편은 안도의 한숨을 내쉬었다.
"후유~, 안심이군요."
그러자 경비가 역시 한숨을 내쉬면서 말했다.
"그런데 그 청년이 아직 안 내려왔어요."

웃음 보따리

[야한 직업 베스트 5]

5위
간호사 "바지 벗으세요."

4위
엘리베이터걸 "올라타세요."

3위
교사 "참 잘했어요. 또 해 보세요."

2위
보험 영업원 "자꾸 넣었다 뺐다 하지 마세요."

1위
파출부 "또 빨 거 없어요?"

 난 못 봤다

갑자기 감기 몸살기가 심해 일찍 퇴근한 맹구는 이상한 분위기를 눈치챘다.
부인이 속옷 차림으로 허둥대는 것이었다.
"이게 무슨 짓이야? 어떤 놈팡이와 놀아났어?"
"여보, 아무것도 아녜요. 정말······."
"아무것도 아니라고? 내 이놈을······!"
맹구는 거칠게 장롱 문을 열어젖혔다.
"여긴 없군."
그는 다시 목욕탕 문을 열었다.
"여기도 없어!"
다음은 서재
"여기도······."
마지막으로 화장실 문을 벌컥 열다가 맹구는 그만 멈칫하며 서 버렸다.
눈앞에 천하장사같이 건장한 체격의 사나이가 떡 버티고 서 있는 것이 아닌가!
맹구는 얼른 문을 닫고 큰 소리로 외쳤다.
"여기에도 없는걸!"

의외의 수학

존은 오랜만에 목욕탕에 가서 목욕을 하고 있었다.
한창 씻고 있는데, 동네 잔디 깎는 일을 하는 부바라는 녀석이 나타났다.
그런데 부바의 그것은 너무나도 커서 존의 눈에는 그것밖에 보이지 않았다.
"어이, 부바. 좀 사적인 질문이네만, 자네 건 왜 그렇게 큰가?"
부바는 한껏 으스대며 대답했다.
"어, 이거요? 간단하죠. 전 자기 전에 이놈을 침대 기둥에 세 번 내리치거든요. 그럼 이놈이 커져요!"
"그래? 음, 생각보다 간단하군그래."
새로운 사실을 알아낸 존은 얼른 써 보고 싶어서 안달이 났다.

마침내 기다리고 기다리던 저녁이 되었다.
존은 샤워를 마치고, 아내가 자고 있는 침대로 당당하게 걸어갔다.
그리고 부바에게 배운 대로 자기의 그것을 침대 기둥에 세 번 내리쳤다.

그러자 잠에서 깨어난 아내가 존이 하는 짓을 보더니 눈을 비비며 왈,
"어? 부바 왔어?"

 빨아만 보서

어느 아줌마가 술을 마시고 운전을 하다가 교통순경에 걸렸다.
"음주 단속 중입니다. 이것 불어 보세요."
후덜덜…
아줌마는 겁에 질려 제대로 불지 못했다.
몇 번을 실패하자, 화가 머리끝까지 난 교통순경.
"아니, 아주머니, 이것 하나 제대로 못 불어요?"
울상이 된 아줌마 왈,
"아니, 내가 빨아 보기는 했어도 부는 것은 안 해 봤단 말예요!"

같은 배에 탄 세 남자 이야기

어느 날 한 아파트에 사는 701호, 801호, 901호의 남자 세 명이 대낮에 동시에 죽었다.
이 셋은 저승에 가게 되었다.
옥황상제가 물었다.
"아니, 너희 셋은 같은 아파트 사람들이군. 아파트에서 사고라도 났는가?"
"아닙니다. 저는 억울합니다."
세 남자는 각자 억울하게 죽었다면서 옥황상제에게 하소연하기 시작했다.
"다 들어줄 테니 먼저 701호부터 말해 보아라."

701호 남자가 말했다.
"존경하는 옥황상제님, 제가 죽은 사연은 아내 때문입니다. 저는 얼마 전부터 아내가 바람을 피우고 있다는 소문에 잠을 이룰 수 없었습니다. 그래서 사실을 확인하려고 그날은 일찍 퇴근했죠. 그런데 정말 현관에 외간 남자의 신발이 있는 것입니다. 화가 머리끝까지 난 저는 녀석을 찾으려고 집 안을 샅샅이 뒤지던 중에 이 녀석이 베란다 창가에 매달려 있는 것을 보았습니다.

욱하는 마음에 녀석의 손을 베란다에서 떼어냈는데, 이 녀석이 떨어지면서 나무에 매달린 것입니다. 그쯤에서 참으려고 했는데, 적반하장으로 나무에 매달린 녀석이 심한 욕설을 퍼붓는 겁니다. 남의 아내를 탐낸 녀석이 오히려 욕을 하니 참을 수가 없었습니다. 그래서 베란다에 있는 세탁기를 그 녀석에게 집어 던졌습니다. 그런데 세탁기 줄에 제가 걸려 같이 떨어지는 바람에 그만 죽게 되었습니다."

이번에는 801호 남자가 자신이 죽은 이유를 설명했다.
"옥황상제님, 저는 그날 날씨가 너무 좋아서 오랜만에 기분 좋게 베란다 청소를 하였습니다. 욕심을 내서 베란다 창가를 닦다가 발을 헛디뎠던 것입니다. 운이 좋게도 바로 아랫집 베란다 창가에 매달릴 수 있었는데, 갑자기 그 집 주인놈이 제 손을 막무가내로 잡아떼는 것입니다. 다시 떨어진 저는 다행히도 나무에 매달릴 수가 있었습니다. 너무 어이가 없어서 '야~, 인마! 너 사람 죽이려고 환장했어?' 하고 소리 한 번 질렀죠. 그러자 이 녀석이 세탁기를 집어 던지는 게 아닙니까. 결국 피하지 못하고 여기까지 오게 되었습니다."

마지막으로 901호 남자가 고개를 떨군 채 이야기하기 시작했다.

"옥황상제님, 사실은 제가 701호 부인과 바람을 피웠습니다. 저는 그날도 그 부인을 만나서 함께 즐기려고 했는데, 갑자기 현관문 열리는 소리가 들리는 것입니다. 당황해서 숨을 곳을 찾다가 베란다에 있는 세탁기 속으로 얼른 숨었지요. 그리고 아무 일이 없는 듯이 조용했습니다. 그런데 갑자기 주인 녀석이 제가 세탁기 속에 있다는 걸 알았는지, 세탁기를 들어 밖에 던져 버리더라구요."

 # 막상막하 부부

바람둥이 순철이에게는 대학생 딸이 한 명 있었다.
하루는 딸이 흥분한 표정으로 순철이에게 말했다.
"아빠! 오늘 제 애인 민수가 청혼했어요!"
그러자 순철이가 낮은 목소리로 딸에게 말했다.
"얘야, 이건 비밀인데, 네 엄마와 결혼하기 전에 민수 엄마와 깊이 사귄 적이 있단다. 민수는 네 오빠야."
깊은 상처를 입은 딸은 한동안 남자 친구를 사귀지 못했다.

얼마 후, 딸이 또 환한 얼굴로 순철이에게 말했다.
"아빠! 새로 사귄 제 애인 윤호가 결혼하자고 해요!"
순철이는 고개를 가로저으며 딸에게 말했다.
"안됐지만, 윤호도 네 오빠란다."
화가 난 딸은 엄마에게 하소연했다.
"엄마, 아빠는 내가 사귀는 남자마다 모두 이복 오빠래요. 이럴 수 있어요?"
엄마가 딸을 진정시키며 말했다.
"얘야, 그 말에 너무 신경 쓰지 말아라. 그 사람은 너의 아빠가 아니란다."

[첫 경험]

나는 오늘 처음으로 경험했습니다.
작은 사각의 방에서 내가 존경하는 그분에게 내 마음을 주었습니다.
설렘과 두려움으로 맞이했던 그날!
그러나 지금은 아무 생각도 나질 않습니다.
마음의 준비를 다하지 못했던 탓일까?
내가 실수한 것은 아닐까?
그러나 후회하진 않을 거야.
내가 선택한 거니까!
친구는 스무 살 때 경험했다던데, 난 스물한 살!
그래, 나는 이제 더 이상 어린애가 아니야.
그러나 자꾸 밀려드는 허무감!!
…
…

아, 투표란 이런 것이로구나!!

# 돌려줄까 봐

얼굴에 심술이 가득 찬 한 남자가 고속 도로에서 차를 난폭하게 몰고 있었다.
남자가 120킬로를 넘기고 막 130킬로로 접어드는 순간, 아니나 다를까 순찰차가 사이렌을 울리며 따라오는 것이었다.
순찰차를 따돌릴 수 있으리라 생각한 사나이는 시속 150킬로를 밟았다. 하지만 순찰차가 계속 따라오자 사나이는 결국 포기하고 차를 세웠다.
경찰관이 다가와서 물었다.
"당신, 정지 신호를 무시하고 도망간 이유가 뭐요?"
그러자 사나이가 긴 한숨을 쉬며 말했다.
"실은 제 마누라가 경찰하고 눈이 맞아서 도망을 갔습니다."
"그게 당신이 검문에 불응하고 도망친 것과 무슨 관계가 있소?"
그러자 사나이가 이렇게 대답하였다.
"죄송합니다. 전 그 경찰관이 제 마누라를 돌려주려고 따라오는 줄 알고 그만……."

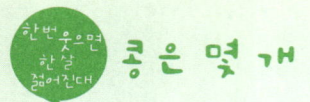 

한 부부가 있었다.
부인은 첨단 컴퓨터 시스템을 장착한 상자를 가지고 있었다. 부인의 지문만 기억하는 컴퓨터 시스템이라 부인 이외에는 아무도 그 상자를 열 수 없었다.
상자의 내용물이 궁금한 남편이 어느 날 아내가 낮잠 자는 틈을 타 상자에 아내의 지문을 묻혔다.
짠! 드디어 상자가 열렸다.
그런데 상자 안에는 콩 2알과 10만 원짜리 수표가 들어 있었다.
"엥? 이게 뭐야? 고작 이걸 가지고 손도 못 대게 해?"
남편은 자는 아내를 흔들어 깨웠다.
부인이 얼결에 실토했다.
"다른 남자랑 바람피울 때마다 콩을 상자에 하나씩 넣어두었어요."
남편은 남자답게 관용을 베풀기로 했다.
"두 번 정도야 너그럽게 용서해 주지. 그런데 이 10만 원은 뭐야?"
"저…, 그동안 모은 콩 판 돈이에요."

웃·으·면·예·뻐·져·요

웃는 얼굴이 제일 좋아

내 침대에서

어떤 아가씨가 낮술을 먹고 어지러워 공원 벤치에 앉았다.
주위를 둘러보니 아무도 없었다. 아가씨는 하이힐을 벗고 벤치 위로 올라가 다리를 쭉 펴고 눈을 감았다.
그때 노숙자인 듯한 사람이 어슬렁거리며 다가오더니 아가씨에게 말을 걸었다.
"이봐, 아가씨! 나하고 연애할까?"
깜짝 놀라 잠이 달아난 아가씨가 노숙자를 노려보며 말했다.
"아니, 세상에…! 어떻게 감히 나한테 그런 말을 할 수 있죠?"
아가씨는 목소리를 높이며 계속 따졌다.
"이봐요! 나는 당신 같은 사람이 접근할 수 있는 그런 싸구려 연애 상대가 아니에요!"
그러자 노숙자가 정색을 하고 아가씨에게 말했다.
"그럴 마음도 없으면서, 그럼 왜 내 침대에 올라가 있는 거야!? 엉?"

# 바람둥이의 흑심

바람둥이 총각이 순박한 이웃집 처녀에게 데이트를 신청했다.
처녀는 속으로 기대가 컸다.
'오늘 맛있는 것 많이 얻어먹을 수 있겠지?'
그런데 아무리 기다려도 총각은 뭘 먹을 생각은 않고 이리저리 돌아다니기만 하는 것이었다.
허기가 진 처녀는 힘없는 목소리로 총각에게 말했다.
"배고파요. 뭘 좀 먹어요."
그러자 총각 왈,
"지금 찾고 있어요. 잠시만 기다리면 열 달 동안 배부르게 해 줄게요."

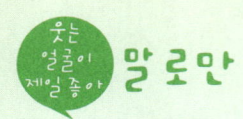

어느 마을에 참으로 어여쁜 여대생이 살고 있었다.
그 마을 청년들은 그 여대생을 어떻게 한번 해 볼까 항상 노심초사 궁리했다.
그러나 하나같이 딱지를 맞고 말았다.

그러던 어느 날,
그 마을에서 가장 착하고 순진한 청년이 다른 청년들에게 제의했다.
"너희들 내가 그 여자랑 자고 오면 어떻게 할래?"
그러자 이구동성으로 "그러면 너한테 100만 원씩 준다."고 약속하였다.

그 다음 날부터 그 청년은 매일 밤 12시 그녀의 집에 가서 그녀 방 창문을 두들기고는 크게 "섹스!" 하고 외친 후 도망가기를 반복하였다.

그러기를 한 달,
그 청년은 친구들에게 가서 그녀랑 잤다고 말했다.
친구들은 못 믿겠다고 확인시켜 줄 것을 요구했다.

청년은 친구들을 데리고 그녀의 집으로 갔다. 그리고 예전과 다름없이 그녀의 방 창문을 두드렸다.
그러고는 그 자리에 가만히 서 있었다.
그러자 창문이 확 열리면서 그녀가 고개를 내밀고 소리쳤다.

"야, 이놈아! 너 또 '섹스' 하려고 왔지?"

 ## 호텔방 풍경

남자_ 헉! 제발~. 자기야, 나 더 이상 못 참겠어.
여자_ 지금은 안 돼. 좀만 참아~.
남자_ 헉! 도저히 못 참겠어.
여자_ 참아 봐~.
남자_ 으-, 쌀 것 같아!
여자_ 아이 씨, 자꾸 그러니까 더 안 나오잖아. 조금만 기다려 봐. 끊고 나갈 테니까.
남자_ 빨리 나와. 나 바지에 오줌 쌀 것 같단 말야.

고추와 푸대

우리의 선조들은 봄에 '거풍'이라는 것을 하는 풍습이 있었다.

해동이 되고 날이 따스해지면 산마루에 올라, 아랫도리를 내리고 겨우내 고의춤에 갇혀 바깥 구경을 못한 거시기에 바람을 쐬었다. 그러면 음낭의 습기가 제거되면서 자연의 정기를 받아 양기가 강해진다는 믿음이 있었다.

하루는 봉돌이가 무료함을 달래려고 돗자리를 들고 아파트 옥상으로 책을 보러 갔다.

봄볕이 너무 좋아 불현듯 옛 선조들의 '거풍' 의식이 떠올랐다. 봉돌이는 아랫도리를 내리고 햇볕과 봄바람을 쐰 뒤 그대로 누워 책을 보다가 그만 춘곤을 못 이겨 잠이 들어 버렸다.

그런데 마침 아래층에 사는 춘래가 이불을 널려고 올라왔다가 이 광경을 보고 깜짝 놀라 비명을 질렀다.

"어머, 어머! 남사스럽게 지금 뭐하는 거예요?"

봉돌이는 춘래의 비명 소리에 화들짝 놀라 상황 수습을 한답시고 에둘러 말했다.

"시방 고추 말리는 중인데요."

춘래는 봉돌이의 어이없는 대꾸에 피식 웃었다. 그러더니 치마를 걷어 올리고 속곳을 내리고는 봉돌이 옆에 드러눕는 게 아닌가!
"아니, 남녀가 유별한데 시방 이게 뭐하는 짓이에요?"
"아, 나도 고추 푸대 좀 말리려고요."

그런 일이 있고 한참 후, 엘리베이터 안에서 공교롭게 마주친 두 사람.
봉돌이가 지난 일이 민망하여 눈길을 멀리 주고 서 있자, 춘래가 옆구리를 툭 치며 하는 말,
"고추 다 말렸으면 이제 푸대에 담지요."

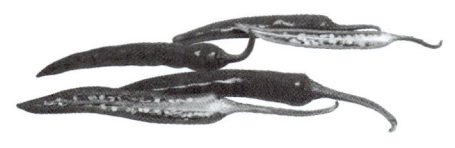

공감 100배 웃음 보따리

[커플과 솔로의 차이]

커플_ 깨지지 않는 한 영원하다.
싱글_ 꼬시지 않는 한 영원하다.

커플_ 주위의 부러움을 산다.
싱글_ 주위의 호기심을 산다.

커플_ 낭만파가 된다.
싱글_ 인상파가 된다.

커플_ 사랑의 전화를 하면서 밤을 지새운다.
싱글_ 인터넷 게임을 하면서 밤을 지새운다.

커플_ 뭘 해 줄까 고민한다.
싱글_ 뭘 먹을까 고민한다.

커플_ 노래방에서 커플 노래를 부른다.
싱글_ 노래방에서 솔로 노래를 부른다.

커플_ 만난 지 며칠 됐는지 계산한다.
싱글_ 천장에 같은 무늬가 몇 개인지 계산한다.

커플_ 얼굴만 마주 보고 있어도 서너 시간은 기본으로 흘러간다.
싱글_ 벽지·천장 디자인까지 다 세어도 시간이 안 간다.

커플_ 술 먹을 때 러브 샷을 한다.
싱글_ 그걸 보고 열받아서 원 샷을 한다.

[무엇일까?]

사랑을 느껴야 할 수 있다.
두 사람이 하는 것이다.
피를 봐야 하는 것이다.
보통 누워서 한다.
찌를 때 고통이 따른다.
무엇일까?

헌혈

 여자의 본심

만복이가 사귄 지 한 달밖에 안 되는 애인이 있었다.
어느 토요일 애인이 너무 보고 싶어서 전화를 걸었더니, 혼자 집을 보고 있어서 도저히 나올 수가 없다고 했다.
만복이가 애인의 집으로 찾아갔는데 한참 만에 문이 열렸다.
"왜 빨리 문을 안 열어 주었지?"
"아버지께서 남자를 집에 들이지 말라고 해서."
"걱정할 거 없어. 나는 술만 먹지 않으면 순한 양 같으니까."
"그럼, 술을 먹으면…?"
"늑대로 변할지도 모르지."
만복이의 말에 애인이 방긋 웃으며 말했다.
"알았어. 찬장 세 번째 서랍 속에 숨겨 놓은 술만 안 마시면 되겠네. 그치, 자기?"

 다 좋은데…

그 기숙사에서는 이층 침대를 사용하고 있다.
어느 날 밤, 위쪽 침대를 사용하는 여학생이 아래쪽의 친구가 잠든 걸 확인하고는 남자 친구를 데려왔다.
남_ 음, 나의 체리… 나의 복숭아… 너무 맛있어!
여_ 바나나 너무 좋아!
갑자기 밑에 있던 친구가 벌떡 일어나 소리쳤다.
친구_ 야! 너네 밤중에 샐러드 먹는 건 좋은데, 마요네즈 튀기지 마!

 택일

어느 해수욕장에서 한 여자가 보기에도 아슬아슬한 비키니 수영복을 입고 걸어가고 있었다. 그러자 해수욕장 관리인이 그 여자를 붙잡고 말했다.
"이곳에서는 투피스 수영복은 못 입게 돼 있습니다."
그러자 그 아가씨 왈,
"그럼 둘 중에 어느 것을 벗을까요?"

 ## 업무 분담

폭풍을 만난 배가 완전히 가라앉고 겨우 한 남자만 작은 섬에 닿아 목숨을 건졌다.
눈을 뜨자 많은 여인들이 남자를 둘러싸고 있었다.
남자는 자신이 대단한 행운아라고 생각했다.
'이곳이 말로만 듣던 파라다이스인가 보다……'
여인들은 그를 왕 모시듯 깍듯하게 대했다.
특히, 밤마다 펼쳐지는 환상 파티는 정말 황홀하기만 했다. 하룻밤에 몇 명씩 번갈아 가면서 각종 체위를 구사하며 환락 속에서 지냈다.

한 달 정도가 흘렀다. 슬슬 지겨운 생각이 들었다.
밤마다 그를 차지하려고 제비를 뽑는 여자들이 무서워졌다. 아무리 거부해도 소용이 없었다.
그렇게 힘 좋고 튼튼하던 남자도 한 달 두 달 지내다 보니, 몸에 갈비뼈가 보이기 시작할 정도가 되었다.
남자는 일주일에 6일을 일(?)하고 일요일은 쉬었다.
그래도 일요일은 쉬게 해 주니 그게 고마울 뿐이었다.
하지만 남자는 더 이상 버틸 힘이 없었다.
'죽더라도 탈출을 해야겠다. 여기선 더 못살겠다.'

남자는 탈출을 계획하고 날마다 머리를 굴렸다.
그날도 어김없이 밤새 일(?)을 치르고 초췌한 모습으로 바닷가에 앉아서 먼 수평선을 바라보고 있었다.
그런데 멀리서 뭔가 둥둥 떠내려오고 있었다.
자세히 보니 남자였다.
순간 전광석화처럼 남자의 뇌리를 강타하는 생각!
'저 남자를 구해야 한다. 그래서 업무 분담을 해야 해! 그럼 내 업무량을 반으로 줄일 수 있다.'
남자는 죽을힘을 다해 그 남자를 구했다. 정말 건장하고 멋진 놈이었다.
잠시 후 그 남자가 깨어났다.
남자는 정황을 설명하며 업무 분담을 제안했다.

월수금 … 나
화목토 … 너
일 … 휴무

남자의 설명을 다 듣고 난 신참이 빙긋 웃으며 말했다.
"저는 게이인데요."

그날 이후 남자는 월화수목금토일 근무 … 휴무 없음.

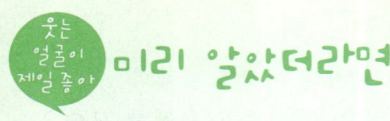

미리 알았더라면

자기 차의 뒷자리에서 글래머의 섹시한 여자와 처음으로 그 일을 하면서 남자는 생각했다.

'차 안에서 그 짓을 할 수 있는 여자라면 이미 처녀가 아닐 거야.'

그런데 의외로 삽입에 상당한 어려움을 겪고 나서 겨우 일을 마친 후 남자가 쑥스러운 듯 말했다.

"미안해요. 당신이 처녀라는 걸 미리 알았더라면 내가 좀 더 천천히 하는 건데……."

그러자 여자가 화가 난 듯 쏘아붙였다.

"당신이 좀 천천히 했으면 내가 팬티 벗을 시간이 있었을 거예욧!"

'거기'가 아니고…

여자 둘이서 볼링을 하고 있었다.
그중 한 여자는 초보인지라 열심히 배우고 있는 중이었다. 여자의 차례가 되어 레인에 올라 백스윙을 하는 순간, 아뿔싸 손가락에서 볼이 빠져 뒤로 날아갔다.
여자가 돌아보니 어떤 남자가 사타구니에 두 손을 끼우고 나뒹굴면서 끙끙거리고 있는 것이 아닌가?
그 남자는 얼마나 아픈지 아무 말도 못하고 이를 악물고 신음하면서 새우처럼 온몸을 굽히고 있었다.
여자는 너무 미안해서 남자의 은밀(!)한 그곳을 마구 문지르면서 온갖 마사지를 하기 시작했다.
주위에 사람들이 많았지만 눈에 들어오지 않았다.
혹시 터지기라도 했다면 큰일이란 생각에 살펴보고 문지르고를 수십 차례….
한참 뒤, 남자의 아랫도리를 열심히 마사지해 주던 여자가 간신히 입을 열었다.
"정말 미안해요! 지금은 좀 어떠세요?"
얼굴이 벌게진 그 남자 왈,
"이제는 좀 낫군요. 아까는 엄지손가락 부러지는 줄 알았어요!"

공감 100배 웃음 보따리

[벙커가 싫은 이유]

첫째,
물이 없다(No water).

둘째,
잔디(풀)가 없다(No green).

셋째,
건드리지 못한다(No touch).

넷째,
너무 크다(Too big).

다섯째,
누구의 공이든 마다하지 않는다(Too generous).

만만찮은 강적

우연히 눈이 맞은 두 남녀가 서울 외곽으로 드라이브를 나갔다.
숲이 우거진 으슥한 곳에 도착한 그들은 누가 먼저랄 것도 없이 서로를 애무하기 시작했다.
흥분한 남자가 여자의 팬티를 내리려고 하자 여자가 몸을 빼며 말했다.
"미안해. 사실 난 직업 매춘부야. 한 번 하고 싶으면 5만 원 내."
남자는 몸이 뜨거워진 상태이기 때문에 얼른 지갑을 꺼내 돈을 지불하고 일을 치렀다.

잠시 후 남자가 나무 아래에 앉아 고개를 숙인 채 담배를 피우기 시작했다.
여자가 남자에게 말했다.
"자기, 화났구나? 이제 그만 가자."
그러자 남자가 고개를 들고 말했다.
"나도 고백할 게 하나 있어. 실은 나 택시 운전사거든. 여기서 서울까지 가려면 한 10만 원 정도 나올 거야."

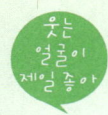 ## 예쁜 아가씨의 굴욕

아름다운 아가씨가 수영장에 갔다.
아가씨는 시원한 비키니 차림으로
다이빙대에서 멋지게 다이빙을 했다.

그런데 아뿔싸!
수면 위로 올라오면서 수영복이 몽땅 벗겨져 버린 것이다.
'아무리 찾아봐도 수영복이 없으니 어떡하지? 이대로는 나갈 수도 없고…!'

휴식 시간이 되자 관리인이 호루라기를 불면서 자꾸 나오라고 재촉했다.
난처해진 아가씨는 머리를 굴렸다.
보니까 저편에 나무판 서너 개가 있는 것이 보였다.
얼른 헤엄쳐서 재빨리 나가 나무판 하나를 골라 가장 부끄러운 부위를 가렸는데, 사람들이 쳐다보고 정신없이 웃는 것이었다.
그 팻말에는 이렇게 적혀 있었다.
'위험! 수심 2m. 자신 있는 분들만 들어오세요.'

얼굴이 새빨개진 아가씨는 그 팻말을 버리고 다른 것으로 바꿨는데, 이제는 사람들이 데굴데굴 구르면서 웃는 것이었다.
'대인 5천 원, 소인 3천 원, 20명 이상 단체는 할인해 드립니다.'
울상이 된 아가씨, 허겁지겁 다른 팻말로 바꿨는데 이번에는 웃다가 기절하는 사람도 있었다.
'영업시간 오전 9시부터 오후 5시까지.'

진짜 처음?

맹구가 새로 사귄 여자 친구를 안으면서 말했다.
"너를 안고 싶다고 말을 꺼낸 사람이 진짜진짜 내가 처음이란 말이지?"
여자가 대꾸했다.
"그렇다니까요. 지금까지 남자들은 모두 말없이 나를 안았어요."

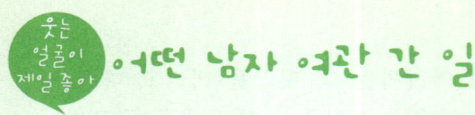

어떤 남자 여관 간 일

그녀와 난 약속이나 한 듯 여관 앞에 멈춰 섰어.
이심전심
여관 앞 글귀도 계절에 따라 이렇게 바뀌어 있더군.
냉방완비
그녀는 잠시 머뭇거렸지만 이내 순순히 날 따라 들어왔어. 여필종부
난 방값을 지불하고 칫솔 두개와 키를 받아 쥐었지.
공식절차
그때 주인 할머니, 반갑게 인사. 과잉친절
난 잠시 당황했지만 이내 "절 아세요?"라고 반문을!
표리부동
그랬더니 "알다마다! 단골을 왜 몰러?" 이러는 거야.
점입가경
허나 난 여유 있게 "할머니 요즘 과로하시나 보군요?"
우문현답
그제서야 할머니는 그녀와 날 번갈아 보더니 고개를 갸우뚱거리더군. 긴가민가
더 이상 무슨 말이 나오기 전에 난 잽싸게 계단을 올라갔어. 긴급대피

암튼 위기는 넘겼지만…, 그녀의 눈초리가 걸리긴 하더라구. 껄쩍지근

하지만 예상 외로 그녀는 내게 이렇게 말했어. "걱정 마. 다 이해하니까." 공소기각

알고 보니 그녀 역시 프로였던 거야. 난형난제

여관 복도는 오늘도 온갖 비명과 신음 소리로 가득하더군. 아비규환

암튼 난 방에 들어가자마자 옛날 사건 때문에 문부터 굳게 잠갔어. 재발방지

그러곤 곧바로 그녀에게 달려들었지. 단도직입

우린 서로의 옷을 벗겨 주기 시작했어. 상호개방

그녀의 몸은 다른 여자들과는 정말 달랐어. 천지차이

정말이지 들어갈 데 들어가고 나올 데 나온 그 완벽함. 음양조화

산등성이 사이로 이어지는 깊은 골짜기. 심산유곡

그 안에 초연히 자리 잡은 숲 속의 빈터. 무릉도원

난 하느님께 감사했어. 이렇게 훌륭한 일용할 양식을 주옵시고. 주기도문

그넘(?)도 급했는지 어느새 고개를 쳐들고 있더군. 할래벌떡

하지만 난 차분히 식전 행사를 거행했어. 국민의례

절대 서두르지 않고 그녀의 곳곳을 적절히 터치해 준 거야. 적재적소

그녀 역시 부끄러워하지 않고 비무장 지대까지 개방해 주더군. 불치하문

내 화려한 필살 기법에 그녀는 거의 숨이 넘어가기 시작했어. 껄떡껄떡

그녀의 소리에 옆방에서도 같은 소리로 화답해 오는 거 있지? 이구동성

졸지에 난 옆방 게임까지 동시에 즐기게 됐어. 이원방송

암튼 난 더 이상 못 참고 그넘(?)을 그녀의 에덴동산 앞에 들이댔어. 정상회담

에덴동산은 벌써 받아들일 준비가 다 돼 있더군. 수해지역

자, 이제 드디어 도장만 찍으면 되는 거야. 화룡점정

난 심호흡을 내쉬며 그넘을 -했어. 편집시작

글구 그녀 삐리리를 올려 삐리리한 다음 삐리리를 뒤틀어 삐리리 했어. 모자이크

그녀는 "짜꿔야 너머너머 쩌운꺼 까퇴~." 하며 소릴 지르더군. 음성변조

난 구석구석까지 누비며 활약했어. 종횡무진

내가 봐도 확실히 옛날보단 테크닉이 업그레이드된 거 같더군. 일취월장

암튼 우린 엄청난 전율·절규와 함께 절정에 도달했어. 대미장식

이부자리가 아예 흥건하게 젖어 버렸더군. 순국선열

잠시 쉬려는데 이게 웬걸? 옆방에서는 아직도 소리가 들려오는 거야. 색정남녀

아마도 그동안 밀린 걸 다 채우는 모양이야. 더블헤더

끊임없이 들려오는 옆방 신음 소리에 난 슬슬 이게 생기더라구. 열등의식

그녀 역시 옆방 분위기를 등에 업고 내게 뭔가를 갈구하는 눈빛이었어. 어부지리

하지만 내 그넘(?)은 전혀 움직일 기미가 보이지 않았어. 요지부동

난 그녀를 위해 더 해 줄 게 아무것도 없었던 거야. 수수방관

그녀는 놀면 뭐하냐고 나가자고 하더군. 언중유골

결국 난 고개를 숙인 채 그 방을 나올 수밖에 없었어. 임의방출

옆방 논넘들의 만족한 웃음소리가 복도까지 들려오더군. 희희락락

그래, 배울 건 배워야 돼. 나도 훗날 저런 훌륭한 사람이 꼭 되어야지. 타산지석

근데 말야, 복도를 지나는데 옆방 문이 조금 열려 있는 게 아니겠어? 천재일우

도대체 어떤 놈년들인지 궁금해서 난 살며시 열고 들여다봤어. 견물생심

근데 하필 누워 있는 여자와 눈이 딱 마주치고 말았던 거야. 극적대면

그 순간 그 여자, 갑자기 소스라치며 "어머, 여보!" 이러는 거 있지? 청천벽력

자세히 보니 그 여자는 바로 내 마누라였어. 패가망신

안 보고 그냥 갈 걸 내가 왜 그랬을까? 식자우환

결국 우리 가정은 이렇게 돼 버렸어. 이산가족

이제 와 생각하면 다 내 탓이라고 생각해. 자승자박

옆에 있을 때 열심히 찍어 줄걸. 일수도장

올겨울에 이산가족 상봉 있다는데 나도 신청하면 받아 줄까나. 동상이몽

훨씬 신선해

오렌지족 아가씨 둘이서 서로 잘났다고 신나게 남성 편력을 자랑하는데, 그중 한 아가씨가 가소롭다는 듯 다른 아가씨에게 이렇게 말했다.
"얘, 넌 언제나 정상 체위로만 한다며?"
"응."
"얘, 그게 무슨 재미니? 역시 체위 스타일을 여러 가지로 바꾸면서 즐겨야 신선한 맛이 있는 거 아니니?"
그러자 듣고 있던 다른 아가씨가 빙그레 웃으며 이러는 거였다.
"음…, 하지만 그건 별거 아냐. 스타일은 항상 같더라도 남자를 매일 바꾸는 게 훨씬 신선하거든."

공감 100배 웃음 보따리

[두 가지 태도]

첫 만남
순진한 남자는 처음 여자를 만나서 인사할 때 간단히 목례만 하지만, 밝히는 남자는 반드시 악수라는 형식으로 손부터 잡아 보고 시작한다.

데이트
순진한 남자는 데이트를 할 때 저녁을 먹고 커피를 마시지만, 밝히는 남자는 저녁을 먹고 술을 마신다.

이야기
순진한 남자는 여자의 눈이나 입을 보면서 이야기하지만, 밝히는 남자는 여자의 가슴 아래를 보면서 이야기한다.

영화
순진한 남자는 여자가 영화를 보고 싶어 하면 예매를 해서라도 개봉관을 데리고 가지만, 밝히는 남자는 일부러 매진되는 곳만 골라서 다니다가 비디오방으로 데리고 간다.

술
순진한 남자는 여자가 술에 취하면 술이 깰 때까지 기다려서 집에까지 데려다 주지만, 밝히는 남자는 일단 술이 깰 때까지(?) 여관으로 데리고 간다.

구두
순진한 남자는 여자와 같이 걸어가다가 여자의 구두 굽이 부러지면 구두를 들고 뛰어가서 얼른 구두 굽을 고쳐 오지만, 밝히는 남자는 아무 말 없이 여자를 등에 업고 구두를 고치러 천천히 걸어간다.

생일
순진한 남자는 여자의 생일에 향수와 인형을 사 주려고 하지만, 밝히는 남자는 속옷과 함께 키스를 해 주려고 한다.

눈
순진한 남자는 여자와 함께 길을 가면서도 오직 여자의 얼굴만 바라보지만, 밝히는 남자는 좀 예쁘다 싶은 여자만 지나가면 눈과 함께 고개가 자동으로 돌아간다.

 몸 줄까?

극장에서 에로틱한 장면을 보면서 데이트 중인 남자와 여자.
갑자기 여자가 남자의 귀에 나지막하게 속삭인다.
"자기야…."
"응, 왜 그래?"
여자가 무지 쑥스러워하면서 계속 속삭인다.
"사랑하는 자기야, 몸 먹고 싶지?"
남자의 얼굴에 갑자기 환한 웃음이 번지기 시작한다.
"히히히, 뭐 준다면야! 그저 난 고맙지, 흐흐."
여자가 다시 속삭인다.
"자, 자기야. 여기 오징어 몸 줄 테니까, 혼자 다 먹어. 응?"

 통하잖아요

한 교양 있는 척하는 올드미스가 공식적인 파티 석상에서 플레이보이로 소문난 남자의 옆에 앉게 되었다. 그녀는 다소 냉소적이고 비꼬는 듯한 얘기를 몇 마디 나누고선 그를 향해 냉담한 미소를 띠며 말했다.
"아무리 봐도 우린 서로 통하는 게 전혀 없군요!"
그러자 플레이보이는 아무렇지도 않다는 듯 웃으며 물었다.
"전 그렇게 생각지 않는데요. 제가 그럼 한 가지 질문을 해도 될까요?"
"그러세요. 무슨 질문인데요?"
그러자 플레이보이가 물었다.
"만약 침대가 딱 두 개 있는 방에서 하룻밤을 묵어야 하는데, 한쪽에는 여자가, 다른 한쪽에는 남자가 누워 있다면 어느 쪽에 가서 주무시겠어요?"
그러자 그녀가 정색을 하면서 말했다.
"뭐예요? 당연히 여자랑 자죠!"
그녀의 대답에 그가 아주 호탕하게 웃으며 말했다.
"하하하! 거 보세요, 우린 통하는 게 있다니까요! 저도 여자 쪽에서 잠을 잘 거니까요!"

뒤바뀐 선물

지난 겨울이었씁다.
여자 친구 생일이 다가와 선물을 하려고 고민 중이었씁다.
고민 끝에 여동생한테 뭘 사야 될지를 물어봤씁다.
여동생이 자기랑 같이 가서 선물을 고르자더군요.
전 그냥 그러자고 했씁다.
가게에서 선물을 고르고 있는데 여동생이 말했씁다.
"오빠, 저기 하얀 털장갑이 너무 이쁜 것 같아. 저거 언니한테 선물하면 좋아할 거야."
저도 털장갑이 이쁘기에 선물을 하려고 하얀 털장갑을 골랐씁다.
중간에 뽀송뽀송하게 달린 털뭉치가 따뜻해 보였씁다.
근데 동생이 조르는 것이었씁다.
"오빠, 따라와 줬으니까 나도 선물로 팬티 사 줘."
이놈이 속셈이 있었던 것이었씁다.
그래서 할 수 없이 하얀 팬티를 사 주었씁다.
근데 팬티를 사면서 일이 꼬이기 시작했씁다.
종업원이 실수로 포장을 서로 바꿔서 한 것이었씁다.
전 그것도 모르고 팬티가 든 상자에 편지를 썼씁다.

사랑하는 미야에게

미야야, 올겨울 유난히 춥지?
내가 미야 주려고 선물을 하나 샀어.
이것을 사게 된 이유는 지난 겨울 미야가 아무것도 착용하지 않은 걸 보게 된 후야.
많이 추웠지? ^^
하얀색이라 때가 탈까 걱정 많이 했는데, 종업원이 자기 걸 보여 주면서 1주일 착용했다는데도 깨끗하고 예쁘더라고….
가운데가 아주 뽀송뽀송하더라고….
잘 착용하고, 내일 나 만날 때 꼭 착용하고 나와.
미야가 매일 착용하는 걸 보고 싶어.
그럼 이만 줄일게.

P.S. 올겨울 유행은 반쯤 접어 내려 털을 보이게 하는 거래.

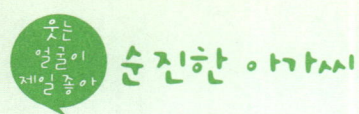

순진한 아가씨

한 순진한(?) 처녀가 군대에 간 애인을 면회 갔다.
면회 신청서를 작성하는데 '관계'라는 칸이 나왔다.
처녀는 곰곰이 생각하다가 '만난 지 7일째 되던 날'이라고 적었다.
그 신청서를 받아 본 위병소 상병이 버럭 화를 냈다.
"아가씨, 지금 장난하시는 겁니까? 관계란 다시 쓰십시오!"
처녀는 참 족집게다 싶어 썼던 것을 지우고, '집에 놀러 왔을 때'라고 고쳐 썼다.
그러나 통과되지 못했다.
"아실 만한 분이 왜 이러세요? 다시 쓰세요."
기가 팍 죽은 처녀는 관계란에 다시 솔직히 썼다.
'딱 세 번.'

위병소 상병은 기가 막히다는 표정으로 말했다.
"아가씨, 정말 왜 이러십니까? 자꾸 장난칠 겁니까?"
그러자 처녀가 거의 죽을상이 되어 '딱 세 번'이라고 쓴 옆에 괄호를 열고 이렇게 덧붙였다.
'내가 위에서 한 것만.'

"으아악! 아가씨! 정말 이러실 겁니까? 누구 도는 꼴 보고 싶어요?"
상병이 모자를 집어 던지며 화를 내자 처녀는 울먹이며 이렇게 말했다.
"아저씨, 전 정말 그이가 입대하고 난 후로는 한 번도 안 했단 말이에요."

한 청년이 짝사랑하던 처녀의 옷을 벗기고 있었다.
그런데 마지막 것이 이상하게 벗겨지지 않았다.
땀을 뻘뻘 흘리며 벗기려고 안간힘을 쓰다 보니 이것은 꿈이었다.
꿈에서 깬 청년은 몹시 아쉬워하며 푸념했다.
"에이, 키스부터 먼저 할걸…."

공감 100배 웃음 보따리

[좋은 소식, 나쁜 소식, 환장할 소식]

좋은 소식
남편이 피임을 약속했을 때
나쁜 소식
섹시한 슬립 입고 남편을 기다리고 있는데 피임약이 없어졌을 때
환장할 소식
딸이 그 피임약을 갖고 나가서 외박하고 들어왔을 때

좋은 소식
아이가 상을 타 왔을 때
나쁜 소식
옆집 애도 타 왔을 때
환장할 소식
아이들 기 살린다고 전교생 다 주었을 때

좋은 소식
남편이 임원으로 진급했을 때

나쁜 소식
비서가 엄청 예쁠 때
환장할 소식
외국으로 둘이 출장 간다고 할 때

좋은 소식
남편이 나의 자유분방한 패션 감각을 이해해 줄 때
나쁜 소식
남편도 유니섹스로 살겠다며 내 옷을 입을 때
환장할 소식
남편이 입은 폼이 나보다 더 섹시할 때

좋은 소식
집 나간 딸아이가 집으로 돌아왔을 때
나쁜 소식
딸의 배가 차츰 불러 올 때
환장할 소식
어떤 건달 녀석이 자기 책임이라며 무일푼으로 내 집에 들어와서 살겠다고 할 때

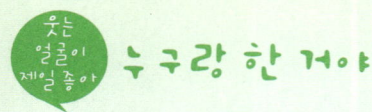
누구랑 한 거야

슈퍼맨이 하늘을 날고 있는데 갑자기 너무 사랑이 나누고 싶었다.
그런데 마침 원더우먼이 건물 옥상에서 옷을 다 벗은 채 다리를 벌리고 있는 것이 아닌가?
슈퍼맨은 불붙은 마음을 참을 수가 없었다.
'번개처럼 빠르게 하면 모르겠지.'

슈퍼맨은 엄청난 스피드로 날아간 다음, 엄청난 스피드로 끝내고 도망갔다.
너무 빨라서 슈퍼맨을 보지 못한 원더우먼.
원더우먼_ "방금 뭐였어?"
투명인간_ "몰라! 에이씨, 똥구멍 아파 죽겠네!"

 팬티 색깔

어느 공주가 분홍색 팬티를 입고 이웃 나라에서 열리는 무도회장에 갔습니다.
이웃 나라 왕자가 말했습니다.
"분홍 구두를 신고 오셨군요."

다음 날, 공주는 연두색 팬티를 입고 갔습니다.
왕자가 말했습니다.
"연두색 구두를 신고 오셨군요."

그다음 날은 노란색 팬티를 입고 갔습니다.
왕자가 말했지요.
"노란색 구두를 신고 오셨군요."

이번엔 공주가 노팬티로 갔습니다.
왕자가 하는 말,
"오늘은 조리퐁 구두를 신고 오셨군요."

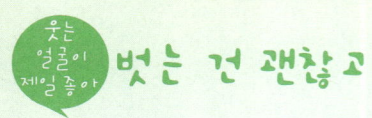 벗는 건 괜찮고

젊고 예쁜 아가씨가 과수원 옆을 걸어가고 있었다.
그곳에는 아름다운 작은 호수가 있어, 그 아가씨는 갑자기 수영이 하고 싶어졌다.
주위를 둘러보고 아무도 없다고 확인한 그녀는 옷을 하나씩 벗기 시작했다.
마지막 옷까지 다 벗고 호수에 막 들어가려고 하는데 갑자기 수풀 속에 숨어 있던 관리인이 뛰어나왔다.
"아가씨, 여긴 수영이 금지되어 있슈~!"
그녀는 화들짝 놀라서 옷으로 몸을 가리면서 이렇게 말했다.
"아저씨, 그럼 옷을 벗기 전에 말씀해 주셔야죠!"
그러자 관리인이 말했다.
"옷 벗는 건 괜찮아요~."

브레이크가 없다

기차가 철길 위를 달리고 있었다.
한참을 가는데 앞쪽 철길 위에서 두 남녀가 사랑을 하고 있는 것이었다.
"아니, 저럴 수가!"
기관사는 놀라서 미친 듯이 경적을 울려 댔다.
빵! 빵! 빵! 빵! 빵! 빵! 빵! 빵! 빵빵!!!!!!!!!!!!!!
두 사람은 움직일 생각을 하지 않았고, 기관사는 사력을 다해서 급브레이크를 밟았다.
끼익, 끽~끼~익!
천만다행으로 기차는 두 사람의 몇 센티미터 앞에서 겨우 정지할 수 있었다.
머리끝까지 화가 난 기관사는 하얘진 얼굴로 뛰쳐나오며 고함을 질렀다.
"너희 미쳤어? 경적 울리는 소리 못 들었어?"
그러자 남자가 말했다.
"이것 보세요. 나도 절정을 향해 달리고 있었고, 이 여자도 달리고 있었고, 당신도 달리고 있었지만, 브레이크를 가진 사람은 당신밖에 없잖아요?"

유리 아래

젊은 여자가 휴가 동안 호텔에서 지내게 되었다.
'한가한데 예쁘게 선탠이나 해야겠다.'
그녀는 선탠을 하기 위해 호텔 옥상에서 수영복을 입고 누워 있었다. 그런데 하루 종일 아무도 옥상에 올라오지 않았다.
안심한 그녀는 다음 날 아무것도 걸치지 않은 채 엎드려 있었다.
그런데 계단으로 누군가 뛰어올라오는 소리가 들렸다. 그녀는 엎드린 채 재빨리 타월로 등을 덮었다.
숨을 헐떡이며 뛰어올라온 남자가 말했다.
"헉…헉…, 실례합니다. 저는 호텔 식당 지배인입니다. 손님, 어제처럼 수영복을 입고 선탠을 즐기시면 안 되시겠어요?"
"왜요? 여긴 아무도 올라오지 않고 보는 사람도 없는데요. 그리고 지금은 타월로 덮고 있고요. 근데 어제 수영복을 입은 건 어떻게 아셨어요?"
"저 그게…, 여기 바닥의 검은 유리 아래가 호텔 식당이거든요."

 ## 제비와 꽃뱀

어느 날 제비와 꽃뱀이 단속에 걸려 경찰에 잡혀갔다.
조서를 꾸미던 형사가 먼저 제비에게 물었다.
"당신 직업이 뭐요?"
제비가 머리를 긁으며 대답했다.
"네, 고추 장수입니다."
그 말에 어이가 없어진 형사가 이번에는 꽃뱀에게 물었다.
"당신은 직업이 뭐요?"
꽃뱀이 한참 망설이다가 하는 말,
"…작지만 알찬(?) 구멍가게예요."

공감 100배 웃음 보따리

[버스 기사를 좋아하는 이유]

1. 그는 커다란 물건을 가지고 다닌다.
2. 그는 크기도 커다란 것을 마구 밀어붙인다.
3. 그는 후진보다 전진에 능하다.
4. 그는 기술이 뛰어나다.
5. 그는 좁은 길도 잘 파고든다.
6. 그는 잠깐씩만 쉬었다가 금방 또 달린다.
7. 그는 타고 나면 쉬지 않고 흔들어 댄다.
8. 그는 혹시라도 고장이 났을 땐 다른 것으로 대체해 준다.
9. 그는 아침 일찍부터 밤늦게까지 계속 태워 준다.
10. 그는 언제 어디서나 태워 준다.
11. 그는 내가 만족하면 내려 준다.
12. 그는 내 마음대로 내려도 화내지 않는다.
13. 그는 언제쯤 내리면 되는지 친절히 가르쳐 주기도 한다.
14. 그는 자기 것에 타라고 경쟁하기도 한다.
15. 그는 타다가 졸아도 그냥 내버려 둔다.
16. 그는 졸다가 깨도 계속 달린다.
17. 그는 남의 시선을 상관하지 않고 탈 수 있다.

18. 그는 달릴 때 육중한 소리를 낸다.
19. 그는 넓은 길도 잘 달린다.
20. 그는 길이 넓다고 화내지 않는다.
21. 그는 넓은 길을 꽉 채우고 잘 달린다.
22. 그는 탁 트인 야외에서도 잘 달린다.
23. 그는 아줌마도 태워 준다.
24. 그는 할머니도 태워 준다.
25. 그는 남자 친구와 같이도 태워 준다.
26. 그는 여자 친구와 같이도 태워 준다.
27. 그는 아무리 많은 사람을 태워도 힘이 남아돈다.
28. 그는 타는 사람에게 꼬치꼬치 물어보지 않는다.
29. 그는 처음 보는 사람도 잘 태워 준다.
30. 처음 타는 사람도 그를 어려워하지 않는다.

 애인의 전공

영희의 애인은 평상시에도 문학적 표현을 진지하게 내뱉는, 전공에 매우 충실한 국문학도이다.
어느 정도인가 하면…
귤 한 봉지를 사며 영희가 무심코 말했다.
"못생긴 귤이 맛있대요."
그러자 그가 진지하고 숙연하게,
"그건 못생긴 귤이 피눈물 나게 노력한 결과이지요."
하는 것이었다.

그런 두 사람이 만난 지 어느덧 100일째.
감기 때문에 주체할 수 없이 흘러내리는 콧물을 닦아야 했던 어느 겨울날.
그날도 국문학도 애인은 온갖 현란한 미사여구로 영희를 감동시키고 있었다.
영희는 그 남자의 진지한 분위기 때문에 자꾸 고이는 콧물을 닦지도 못하고 그의 얘기에 귀를 기울였다.

그런데 갑자기! 그가 너무나 도전적으로 기습 키스를 하는 게 아닌가!

미처 콧물을 닦지 못한 영희는 키스의 달콤함을 느끼기도 전에, 그의 입술 가득 무자비하게 번지고 있는 자신의 콧물에만 신경을 쓸 수밖에 없었다.

한참 동안의 키스 후 얼굴이 벌겋게 달아오른 영희, 속으로 계속 '괜찮겠지.' 하며 애써 자신을 다독이고 있는데….
그 남자 친구, 조용히 목소리를 깔며 한마디.
"영희 씨 입술에선… 아련한 바다 맛이 나는군요."

 모기

젊은 남녀가 벤치에 앉아 있는데 모기가 한 마리 날아왔다.
모기는 여자의 스커트 속으로 들어갔다.
모기는 어디를 물었을까?
남자의 손.

전문대도

내 나이 36살. 법적 처녀임은 물론이고 생물학적으로도 처녀다.
학교도 일류대 나왔고 직장도 좋은 곳으로 잡아서 무척 안정적이지만, 키가 작고 뚱뚱해서인지 남자가 주위에 한 번도 없었다.
결혼하고 싶어서 30대에 접어들면서 여러 번 선을 봤지만, 모두 한 시간짜리 남자들이었다.
차도 마시는 둥 마는 둥 시계만 보다가 가는 남자들이 대부분이었다.

어제도 선을 봤는데, 남자가 한 시간이나 늦게 나왔다.
그런데 이 남자는 매너와 교양을 아예 전당포에 저당 잡힌 것 같았다.
최소한 맞선 자리에는 정장 차림, 아니 최소한 깔끔하게 하고 와야 하는데, 찢어진 청바지에 청재킷….
그래도 36살이란 내 나이 때문에 굽히고 들어갔다.
이 남자 다른 남자와는 달랐다.
오자마자 밥이나 먹으러 가자고 했다.
밥을 먹으러 가서 조금 얘기를 나눴다.

근데 매너와 교양뿐만 아니라 상식도 없고…….
한마디로 무식했다.
그래도 어쩔 수 없었다. 난 36살 노처녀 아닌가.
이 남자는 그나마 나와 많은 시간을 보내 주었다.

밥을 먹고 술을 마시러 갔다.
가장 오래 만난 남자고, 단둘이 술을 마신 첫 남자다.
취기가 조금 올랐을 때, 이 남자가 내게 물었다.
"전문대도 괜찮아요?"
전문대라…. 마음에 차지는 않지만 학벌이 결혼과 무슨 상관이 있겠는가 싶어서 대답했다.
"네, 괜찮아요."
그 남자가 다시 한 번 물어 왔다.
"진짜… 진짜… 전문대도 괜찮겠어요??"
난 웃으면서 대답했다.
"괜찮아요. 전문대도…. 그게 무슨 상관인가요?"

그러자 그 남자…, 내 젖을 마구 문대는 것이다.
'젖 문대도 괜찮겠냐?'를 난 '전문대도 괜찮겠냐?'라고 들은 것이다.

생각의 차이

배가 난파되어 사오정이 무인도에 산 지 5년이 된 어느 날.
알몸의 미인이 술통을 탄 채 해변가로 밀려왔다.
오정이는 그녀를 극진히 간호해 간신히 회복시켰다.
그러자 여자가 매우 고마워하며 말했다.
"감사합니다. 살려 주신 보답으로 당신이 5년 동안 해 보지 못한 것을 해 줄게요."
그러자 신이 난 오정이가 말했다.
"와, 저 술통 속에 술이 남았나요?"

부산 가시내와 대구 머스마

부산 가시내와 대구 머스마가 소개팅을 통해서 만나 데이트를 하게 되었다.
서로의 궁금한 것과 인적 사항을 묻다가 부산 가시내가 물었다.
"고등학교는 어데 나왔는데예?"
그러자 대구 머스마, 달성 고등학교를 졸업했는지라 이렇게 말했다.
"저예, 달고(달성고의 줄임말) 나왔습니더."
그러자 요 부산 가시내,
가뜩이나 남자에 대한 콤플렉스가 심했는데, '달고 나왔다'는 이 말을 듣는 순간, 속창자가 확 뒤집혔다.
부산 가시내가 이빨 사이로 침을 한번 찍 뱉더니 퍼붓는 말,

"짜슥, 머스마라는 것 디게 자랑하네. 그래!! 니는 달고 나왔나? 나는 째고 나왔다, 째고!"

공감 100배 웃음 보따리

[연령별 애인 있으면]

남자가 애인 있으면

10대 남자가 애인 있으면? 엉덩이에 뿔 난 넘

20대 남자가 애인 있으면? 당연지사

30대 남자가 애인 있으면? 집안 말아먹을 넘

40대 남자가 애인 있으면? 가문 말아먹을 넘

50대 남자가 애인 있으면? 축복받은 넘

60대 남자가 애인 있으면? 여자로부터 표창 받을 넘

70대 남자가 애인 있으면? 신의 은총 받은 넘

80대 남자가 애인 있으면? 천당 갈 넘

90대 남자가 애인 있으면? 지상에서 영생할 넘

여자가 애인 있으면

10대 여자가 애인 있으면? 촉망받을 년

20대 여자가 애인 있으면? 당연지사

30대 여자가 애인 있으면? 얄미운 년

40대 여자가 애인 있으면? 축복받은 년?

50대 여자가 애인 있으면? 가문의 영광?

60대 여자가 애인 있으면? 신의 은총 받은 년

70대 여자가 애인 있으면? 신의 경지에 있는 년

80대 여자가 애인 있으면? 천당 가는 길이 열려 있는 년

90대 여자가 애인 있으면? 가장 인간다운 년

 진짜 속셈

남자와 여자가 여관에 들었다.
방에 들어가자마자 여자는 바닥에 선을 주욱 긋더니 말했다.
"자기, 이 선을 넘으면 짐승이야."
남자는 알았다고 하더니 금세 곯아떨어졌다.
다음 날 남자가 눈을 떠 보니 여자가 방에 쭈그리고 앉아 고개를 푹 숙이고 있었다.
그래서 남자가 물었다.
"왜 그래? 무슨 일이야?"
그러자 여자가 째려보면서 하는 말,
"짐승만도 못한 놈."

 지퍼

한 여자가 버스를 타기 위해 줄을 서 있었다.
그녀의 뒤에는 한 젊은 남자가 서 있었다.
이 여자는 상당히 짧은 미니스커트를 입고 있었는데, 아무래도 버스를 탈 때 뒤에 있는 사람이 치마 속을 보게 될까 봐 스커트 뒤의 지퍼를 약간 내렸다.
스커트를 헐렁하게 만들어 밑으로 내리기 위해서였다.
잠시 후 여자가 뒤의 지퍼를 만져 보니 지퍼가 그대로 위로 채워져 있는 게 아닌가.
여자는 뒤돌아서서 남자를 째려봤다.
그러자 남자가 히죽히죽 웃었다.
기분이 나빠진 여자는 다시 살짝 지퍼를 내렸다.
그런데 잠시 후 만져 보니 지퍼가 또다시 올라가 있는 것이었다.
여자는 화가 나 뒤의 남자를 째려봤지만 남자는 계속 히죽히죽 웃었다.
여자는 참을 수가 없어 남자의 따귀를 때리며 말했다.
"당신이 뭔데 내 지퍼를 다시 올려요?"
그러자 남자가 기가 차다는 듯 성난 목소리로,
"아니, 남의 지퍼를 왜 자꾸 내리는 겁니까?"

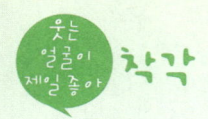

착각

재벌 2세라고 속여 춘희를 사귀어 온 맹구는 드디어 춘희를 데리고 호텔에 갔다.
한참 그 짓을 하던 맹구는 이제는 모든 것을 털어놔도 괜찮을 것 같다는 자신이 들었다.
그간 사귀면서 보니 춘희도 재벌 2세라는 것 때문에 자기를 좋아하는 것 같지는 않았다.
'그래! 결심했어!'
맹구는 고백할 말이 있는데 해도 되느냐고 춘희에게 물었다.
"그래요, 사랑하는 사람끼리는 뭐든 말해야 해요."
춘희는 사랑이 가득 담긴 듯한 미소를 지으며 고개를 끄덕였다.
"춘희, 사실은 말이야, 춘희가 내 첫 여자가 아니야. 다른 여자가 있었어."
맹구의 고백에 춘희는 의외로 시원스레 말했다.
"너무 순수하세요. 젊었을 때는 누구나 한 번쯤 그럴 수 있지요!!"
"아냐, 한 명이 아니야. 열 명도 넘는다구!!"
"그게 다 자기가 매력덩어리라는 증거 아니겠어요?"

이렇게 말하며 춘희는 맹구의 몸에 자기의 몸을 더 뜨겁게 밀착시켜 왔다.
맹구는 역시 마음씨도 무척 착하다고 생각하며 또 한마디를 내뱉었다.
"그리고…, 사실은 나 재벌 2세도 아니야!"
그러자 춘희가 험악한 표정으로 외쳤다.
"당장 빼! 짜샤!!"

키스하다가

한 청년이 안경점을 찾았다.
"아저씨, 며칠 전에 안경을 맞췄잖아요. 그런데 키스하다가 그만…."
안경점 점원의 눈이 동그래졌다.
"아니, 어떻게 키스를 했기에 안경이 깨져요?"
"저…, 키스를 하는데 갑자기 그 애가 다리를 오므리는 바람에…."

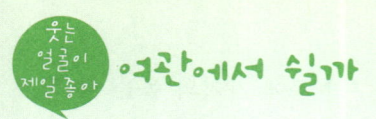 

여관에서 쉴까

드디어 내게도 어여쁜 여자 친구가 생겼다.
남자라곤 만나 본 적 없다는 그녀에게 내가 첫 번째 남자 친구가 된 것이다.
그래서 손을 잡을 때도 조심스러웠고, 항상 그녀의 순수한 모습을 다치게나 하지 않을까 염려했다.

그녀를 만나기 시작한 지 2주일쯤 지났다.
이번 주말에는 뭘 할까 궁리한 끝에 기차를 타고 춘천에 가기로 했다.
아침 일찍 출발한 우리는 즐거운 시간을 보냈다.
많은 추억을 가슴에 간직한 채 저녁이 되어 춘천역으로 왔다.
아직 열차 출발 시각이 한 시간이나 남아 우리는 역 주변을 거닐었다.
휑한 역 주변에는 여관과 식당들만 있을 뿐, 겨울이라 밖에 있기도 추웠다.
여관 간판을 보며 '저기서 쉬면 따뜻할 텐데…' 하는 생각을 슬쩍 하다가도, 천사 같은 그녀를 보면 그런 생각을 한 나 자신이 죄스러워졌다.

"춥지? 아직 한 시간 정도 남았는데 뭘 할까? 커피숍 갈까?"
"아니. 시간도 애매하고 커피숍 가면 돈 아까워."
이어서 그녀가 말했다.
"우리 여관에서 쉬고 있을까?"
순간 아찔했다.
'헉! 아, 아니 나야 좋긴 한데. 근데 우리 아직 뽀뽀도 안했는데…. 어떡하지? 좋긴 한데…….'
너무 당황해서 어쩔 줄 몰라 하며 그녀를 바라보는데 그녀가 다시 말했다.
"왜 그래? 역 안에서 쉬고 있자니까~."

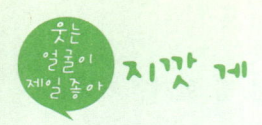

지깟 게

어느 날, 친구와 약속이 있어서 강남에 나가게 되었다.
어느 커피숍에서 친구를 기다리고 있는데, 건너편 자리에 정말 야하게 옷을 입은 여자가 섹시한 포즈로 담배를 피우고 있는 것이 아닌가!
평소 여자 보기를 돌같이 하는 나도 결코 눈을 돌릴 수가 없었다.
그런데 이게 웬일인가!
그 여자가 피우던 담배를 던지니 담배가 세로로 딱 서는 것이 아닌가!
놀란 나는 우연이겠지 하고 그냥 지나쳤다.
그런데 잠시 후, 그 여자가 다시 담배를 물고는 몇 번 빨더니 담배를 던졌다.
이번에도 또 담배가 세로로 딱 서는 것이 아닌가!
너무도 신기해 난 그녀에게 다가가 물어보았다.
"저, 아까부터 지켜봤는데요, 어떻게 하면 담배를 그렇게 세울 수 있습니까?"
돌아온 대답,
"내가 빠는데~ 지깟 게 안 서고 배겨?!!"

2010년 12월 10일 초판 1쇄 인쇄
2010년 12월 15일 초판 1쇄 발행

엮은이 · 유머팩토리
펴낸이 · 이미례
펴낸곳 · (주)학은미디어
주 소 · 서울 영등포구 문래동 3가 82-29
　　　　　우리벤처타운 903호
전 화 · 02)2632-0135~7 | **팩 스** · 02)2632-0151
등록번호 · 제13-673호

ⓒ (주)학은미디어, 2010
ISBN 978-89-8140-366-9　00810